BIBLIOTHÈQUE DES CAHIERS DE L'INSTITUT
DE LINGUISTIQUE DE LOUVAIN — 58

LE COMPARATISME DEVANT LE MIROIR

Edité par Guy JUCQUOIS et Pierre SWIGGERS

Etudes de: E. Gilissen, G.-G. Granger, C. Hagège, G. Jucquois,
H. G. Moreira Freire de Morais Barroco, P. Swiggers, M. Van Overbeke

Publié avec le concours
du Fonds National de la Recherche Scientifique

PEETERS
LOUVAIN-LA-NEUVE
1991

D/1991/0602/66   ISBN 90-6831-363-0

© PEETERS   et   Publications Linguistiques de Louvain
  Bondgenotenlaan 153   Place Blaise Pascal 1,
  B-3000 Leuven   B-1348 LOUVAIN-LA-NEUVE

Printed in Belgium

*Ce recueil est offert en hommage à Karel Van den Eynde,
ethnolinguiste, africaniste et linguiste général,
à l'occasion de son soixante-cinquième anniversaire*

G.J. et P.S.

"COMPARATISME" : UNE PRÉSENTATION

Guy JUCQUOIS - Pierre SWIGGERS

U.C.Louvain-la-Neuve - F.N.R.S. belge

Les articles réunis dans ce recueil – le premier d'une série – se rattachent à une enquête sur les fondements, les formes concrètes et les thèmes spécifiques du comparatisme. Celui-ci est défini, en guise d'introduction (cf. l'article introductif de G. JUCQUOIS et P. SWIGGERS), comme une visée se superposant au cloisonnement des disciplines et prenant son point de départ dans l'établissement de corrélations – celles-ci concernent des faits ou des séries, tirés des divers domaines de l'expérience humaine –, pour aboutir à un langage *inter*disciplinaire. Ce parcours est finalement celui d'une philosophie de la culture, sous ses formes empiriques les plus concrètes et les plus diverses. Mais une telle approche a surtout, dans le contexte de l'époque, besoin d'une justification – nous n'osons pas écrire : d'une raison d'être –, et cela explique le rôle important qu'occupe la théorie du comparatisme dans ce recueil. Il importait en effet de redire, à un moment où la pensée occidentale ne manifeste plus "l'unité vécue" d'une visée essentiellement comparative qui fut celle d'ARISTOTE, pourquoi ce projet a un sens, pourquoi il est indispensable à une culture qui accorde une place privilégiée à la science.

Pour cela, il était nécessaire de définir le comparatisme, de préciser son statut, et de dégager les implications et les conséquences de l'approche comparative. Le concept même de "comparaison" (qui est essentiellement une visée ou une approche) est ensuite expliqué et illustré de différents angles de vue : celui de l'épistémologie comparative (cf. l'article de G. G. GRANGER), celui de la terminologie que véhicule ou devrait véhiculer l'approche comparative (cf. la contribution de G. JUCQUOIS), enfin celui de la nature de l'objet que présuppose (et que constitue) l'acte de comparaison (cf. l'article de P. SWIGGERS). A ce premier parcours théorique se rattache un parcours de repli historique, où sont étudiés deux moments privilégiés de l'histoire du comparatisme : la philosophie aristotélicienne (cf. la contribution de Mad. MOREIRA FREIRE DE MORAIS BARROCO), comme projet de compréhension systématique des faits naturels et supranaturels, et la culture renaissanciste (cf. l'article de M. VAN OVERBEKE), caractérisée par différents projets visant à acquérir une nouvelle maîtrise sur un horizon de connaissances s'élargissant de façon spectaculaire. Il s'agit là de deux formes, empiriquement très riches, qu'a prises le comparatisme au cours de son histoire; à celles-ci font pendant des tentatives de systématisation plus nettement théoriques, comme par exemple la pensée scolastique ou, plus proche de nous, le néo-positivisme. La longue histoire du comparatisme fera l'objet de nouvelles études dans les futurs recueils de cette série.

La visée comparative est illustrée dans la troisième partie du recueil, où il s'agit de mettre en relief quelques *topoi* de la comparaison interdisciplinaire. Ceux-ci constituent les axes selon lesquels la visée comparative s'articule, et nous estimons qu'il convient de distinguer trois types d'axes, illustrés chacun ici par des études :

a. l'axe des *objets* (topiques) : il s'agit de domaines de recherche, comme par exemple celui du langage humain (cf. la contribution de C. HAGEGE), qui constituent un carrefour d'approches différentes, et sur lesquels on ne peut se pencher qu'en adoptant une perspective interdisciplinaire;

b. l'axe des *moyens* : là on a à faire à des "techniques" ou des "stratégies" de comparaison qui permettent de replacer des recherches spécifiques, bien déterminées dans un contexte plus global, comme celui de l'évolution des espèces animales, ou de leur adaptation au milieu extérieur (cf. les contributions d'E. GILISSEN);

c. l'axe des *rencontres* : nous pensons ici aux points ou zones de contact que présentent, inévitablement, certaines recherches assignées souvent de façon arbitraire à des disciplines différentes, mais couvrant les mêmes types de phénomènes. Ces rencontres sont en principe l'espace idéal pour une collaboration "interdisciplinaire", si du moins les intentions des participants ne sont pas radicalement opposées, quitte à exploiter de façon abusive le prétexte de rencontre (cf. l'article de P. SWIGGERS).

Ces trois types d'axes sont à la fois liés et séparés (mais de façon non absolue) par des *méthodes*. Celles-ci constituent en quelque sorte un point de rencontre – au deuxième niveau – des différents axes, des différentes disciplines, des différentes formes de pensée. Le concept de méthode invite à une réflexion proprement comparative, qui sera développée dans les recueils à suivre dans cette série. Le présent volume n'a d'autre but que de justifier l'existence d'une visée comparative et de déblayer le champ pour une telle approche, en identifiant les grandes lignes du parcours et en formulant les principes essentiels de la démarche.

Adresses des auteurs :

Place Blaise Pascal 1
B-1348 Louvain-la-Neuve

Blijde Inkomststraat 21
B-3000 Leuven

I. ÉPISTÉMOLOGIE DU COMPARATISME

COMPARATISME : CONTOURS D'UNE VISÉE

Guy JUCQUOIS - Pierre SWIGGERS

U.C.Louvain-la-Neuve - F.N.R.S. belge

0. Le terme "comparatisme" recouvre une variété d'approches et de contenus disciplinaires. La recherche comparée ou comparative semble prendre des aspects différents quand on parle de "religions comparées", de "droit comparé" ou de "grammaire comparée". Est-il possible de dégager un facteur d'unité dans ces pratiques différentes et, si oui, comment peut-on les circonscrire ? Le but de ce texte est de fournir une première réponse à cette question et de mettre en relief quelques conséquences de la réponse qu'on y donnera.

1. Il y a, semble-t-il, trois possibilités, pour reconnaître une unité à la notion de comparatisme : on pourrait la situer au niveau de son *domaine*, ou au niveau de sa *méthode*, ou encore au niveau de la *visée* qu'il implique. En tant que domaine, le comparatisme ne manifeste guère une unité "référentielle". Le fait qu'il soit impossible d'assigner a priori un domaine au comparatisme nous semble d'ailleurs naturel : le comparatisme se définit par un débordement, une transcendance de domaines et de disciplines, quitte à abolir ou du moins dépasser les frontières (si celles-ci ont une existence "objective" !) entre les sciences et les idéologies, entre réflexions théoriques et pratiques quotidiennes. Le comparatisme manifeste-t-il alors une unité en tant que méthode ? Nous ne le croyons pas : quelle communauté de méthode peut-on reconnaître entre la littérature comparée et le droit comparé, entre les religions comparées et la linguistique comparée ? Tout au plus pourrait-on dire que ces disciplines mettent en oeuvre des méthodes ou des stratégies de recherche visant à dégager des *structures*, des articulations systématiques, mais cela n'implique pas que ces méthodes ou stratégies soient identiques, globalement ou en partie.

Et, à preuve du contraire, nous ne reconnaissons pas une communauté de méthode dans ces disciplines à orientation comparatiste. Nous avons déjà indiqué qu'elles partagent pourtant un résultat visé, et c'est bien en tant que *visée* que le comparatisme manifeste une unité : la spécificité de l'examen comparatiste réside dans la recherche, par la confrontation d'ensembles de données, d'analogies structurelles ou de rapports systémiques - qu'on pourra ensuite "expliquer" (par l'histoire; par une causalité d'ordre logique ou d'ordre psychologique) - entre ces ensembles. Il nous semble que l'*explication* même - mais il faut admettre que cette explication n'est souvent qu'une *constatation* qui s'impose en tant que facteur ayant déterminé l'existence des rapports structurels qu'on découvre[1] – se réduit en essence à deux types :

a. une explication par la *formation* historique (qu'il s'agisse de l'histoire naturelle, de l'histoire politico-économique et sociale, de l'histoire des individus);

b. une explication par les possibilités et les contraintes de construction (par ex. caractéristiques générales de la construction de systèmes symboliques).

2. Cette communauté de visée permet d'affirmer que le comparatisme se constitue un domaine à lui, qui n'est pas défini par l'agrégation des domaines canoniques d'autres disciplines, ni par l'identification d'un "objet" déterminé, mais par deux aspects qui sont constitutifs du comparatisme même : ses unités descriptives et ses approches corrélatives. Le problème des unités descriptives du comparatisme n'a guère été posé dans la littérature : le plus souvent, on s'en tient aux "objets" étudiés dans d'autres disciplines (par ex. des langues, des oeuvres littéraires, des codes légaux, etc...). Vu que la recherche comparatiste transcende les disciplines traditionnelles, il nous semble indiqué de caractériser ses unités descriptives – qu'on pourra appeler les *comparats* (cf. la contribution de G. JUCQUOIS dans ce volume) – par leur spécificité propre en rapport même avec l'analyse comparée. Ainsi, par ex., on pourra poser comme nouvelles unités du comparatisme :

a. la métaphore *biologique* dans les sciences humaines,
b. le caractère métrisable du changement culturel,
c. le rapport entre temps et espace dans les phénomènes culturels (langues, littératures, pratiques sociales),
d. la codification linguistique de la communication scientifique,

---

[1] En ce sens on peut dire que le rapport de parenté qu'on découvre entre des langues d'une même famille n'est jamais une explication des types de correspondances qu'on peut établir entre les systèmes phonologiques et morphologiques de ces langues : il "explique" seulement l'existence de ces correspondances (ou mieux : il constitue la justification la plus économique et la moins contestable de l'existence de ces correspondances).

e. l'expression de la différence dans le langage quotidien et dans les langages scientifiques.

Le domaine du comparatisme est en même temps constitué par ses approches. Celles-ci se caractérisent toujours par le trait de corrélativité : la visée comparatiste est par son essence même une mise en corrélation d'objets. Cette mise en corrélation peut porter sur :

1. les "coïncidences" historiques (cf. l'étude comparée d'événements politiques et de changements sociaux ou économiques);

2. les "parallélismes" méthodologiques (cf. l'étude comparée de stratégies de description linguistique et de procédés de construction de systèmes symboliques);

3. les "similarités structurelles" (cf. l'analyse comparée de l'évolution de littératures et l'évolution de systèmes socio-économiques);

4. la "subsumption" d'un ensemble de données dans la culture humaine et dans les capacités du sujet producteur qu'est l'homme.

3. Il convient de préciser le statut épistémologique du comparatisme, en tant que visée (et en laissant de côté le problème indécidable de la distinction entre science et non-science). En tant que recherche a posteriori, la visée comparatiste ne saurait être déductive. Elle n'est pas inductive non plus, d'abord parce qu'elle est toujours, en partie, historico-régressive (ce qui impose des contraintes sur la multiplication de contextes d'observation et de contrôle) et d'autre part parce qu'elle ne veut pas formuler une règle de généralité à valeur prédicative.

Le comparatisme doit être défini comme une visée *abductive*, au sens que PEIRCE donne à ce terme. L'abduction consiste à formuler une *hypothèse* qui justifie la mise en corrélation d'un ensemble de données et d'une généralité qui les caractérise[2]. Cette hypothèse a un aspect inductif, vu qu'elle aboutit à un *moyen terme* à partir de "l'observation" d'un ensemble de données. Elle a un aspect *déductif*, parce qu'elle est posée et qu'elle ne résulte pas d'une série d'observations homogènes.

---

2 Cf. PEIRCE (1931-1958 : vol. 2.265, 623-624) : "I once landed at a seaport in a Turkish province; and, as I was walking up to the house which I was to visit, I met a man upon horseback, surrounded by four horsemen holding a canopy over his head. As the governor of the province was the only personage I could think of who would be so greatly honored, I inferred that this was he. This was an hypothesis (...) Suppose I enter a room and there find a number of bags, containing different kinds of beans. On the table there is a handful of white beans; and, after some searching, I find one of the bags contains white beans only. I at once infer as a probability, or as a fair guess, that this handful was taken out of the bag. This sort of inference is called *making an hypothesis*".

4. La visée comparatiste telle qu'elle a été définie ci-dessus a un certain nombre d'implications et de conséquences qu'il convient d'expliciter.

Les implications de la visée comparatiste sont avant tout des positions "libérales". Ainsi le comparatisme s'accommode d'une pluralité de méthodes et de stratégies de recherche : son choix d'une méthodologie de parcours sera guidé par les données mises en corrélation, par la prise en compte des traditions de recherche qui entrent en jeu, par le but concret qui sera visé. Une autre implication importante, déjà signalée au passage, est que le comparatisme ne pratique pas le cloisonnement disciplinaire, et qu'il se propose explicitement de mettre en question ce compartimentage. Enfin, la visée comparatiste implique un rejet de toute dichotomie entre science et non-science. Cette dichotomie est elle-même hautement idéologique (cf. FEYERABEND, 1972[2], 1987) et est finalement une affaire de différenciation − sur une longue échelle temporelle − de *sous-langages*[3]. Cette différenciation elle-même est un objet intéressant pour la recherche comparatiste; il importe toutefois de ne pas l'accepter comme une donnée normative, mais de l'analyser comme un fait historique.

Nous pouvons indiquer déjà, en anticipant sur les résultats de recherches détaillées, quelques conséquences du comparatisme. La visée comparatiste aura pour conséquence une reconnaissance du rôle crucial du facteur *idéologique* dans la constitution des données culturelles (pratiques et discours à fonction symbolique) et des faits politiques et institutionnels. Le facteur idéologique nécessite une analyse serrée de pratiques et de discours (oraux et écrits) et cette analyse − si on veut éviter le piège de l'ethnocentrisme − devra aboutir à une *ethnographie* ouverte : nous estimons que le comparatisme est une forme spécifique (caractérisée par son approche corrélative) et peut-être la forme *essentielle* (par l'articulation hiérarchique des corrélations établies, cf. 2) d'une ethnographie générale.

Sous cette forme, le comparatisme aura pour conséquence une réinterprétation, une relecture de l'histoire de la pensée "philosophique" et "scientifique" : celle-ci devra être réintégrée à l'histoire des *cultures*, en tant que sédimentations successives, souvent en contact mutuel, de *traditions et mutations d'un savoir*, d'impératifs sociaux, de contingences "naturelles" et de stratégies politico-économiques. Ce projet correspond à l'archéologie du savoir entreprise par Michel FOUCAULT :

> "Les codes fondamentaux d'une culture − ceux qui régissent son langage, ses schémas perceptifs, ses échanges, ses techniques, ses valeurs, la hiérarchie de ses pratiques − fixent d'entrée de jeu pour chaque homme les ordres empiriques auxquels il aura affaire et dans lesquels il se retrouvera. A l'autre extrémité de la pensée, des théories scientifiques ou

---

3   Voir à ce propos l'analyse des propriétés structurelles de sous-langages chez HARRIS (1988).

des interprétations de philosophes expliquent pourquoi il y a en général un ordre, à quelle loi générale il obéit, quel principe peut en rendre compte, pour quelle raison c'est plutôt cet ordre-ci qui est établi et non pas tel autre. Mais entre ces deux régions si distantes, règne un domaine qui, pour avoir surtout un rôle d'intermédiaire, n'en est pas moins fondamental : il est plus confus, plus obscur, moins facile sans doute à analyser. C'est là qu'une culture, se décalant insensiblement des ordres empiriques qui lui sont prescrits par ses codes primaires, instaurant une première distance par rapport à eux, leur fait perdre leur transparence initiale, cesse de se laisser passivement traverser par eux, se déprend de leurs pouvoirs immédiats et invisibles, se libère assez pour constater que ces ordres ne sont peut-être pas les seuls possibles ni les meilleurs; de sorte qu'elle se trouve devant le fait brut qu'il y a, au-dessous de ses ordres spontanés, des choses qui sont en elles-mêmes ordonnables, qui appartiennent à un certain ordre muet, bref qu'*il y a de l'ordre*. Comme si, s'affranchissant pour une part de ses grilles linguistiques, perceptives, pratiques, la culture appliquait sur celles-ci une grille seconde qui les neutralise, qui, en les doublant, les font apparaître et les excluent en même temps, et se trouvait du même coup devant l'être brut de l'ordre. C'est au nom de cet ordre que les codes du langage, de la perception, de la pratique sont critiqués et rendus partiellement invalides. C'est sur fond de cet ordre, tenu pour sol positif, que se bâtiront les théories générales de l'ordonnance des choses et les interprétations qu'elle appelle. Ainsi entre le regard déjà codé et la connaissance réflexive, il y a une région médiane qui délivre l'ordre en son être même : c'est là qu'il apparaît, selon les cultures et selon les époques, continu et gradué ou morcelé et discontinu, lié à l'espace ou constitué à chaque instant par la poussée du temps, apparenté à un tableau de variables ou défini par des systèmes séparés de cohérences, composé de ressemblances qui se suivent de proche en proche ou se répondent en miroir, organisé autour de différences croissantes, etc... Si bien que cette région "médiane", dans la mesure où elle manifeste les modes d'être de l'ordre, peut se donner comme la plus fondamentale : antérieure aux mots, aux perceptions et aux gestes qui sont censés alors la traduire avec plus ou moins d'exactitude ou de bonheur (c'est pourquoi cette expérience de l'ordre, en son être massif et premier, joue toujours un rôle critique); plus solide, plus archaïque, moins douteuse, toujours plus "vraie" que les théories qui essaient de leur donner une forme explicite, une application exhaustive, ou un fondement philosophique" (FOUCAULT, 1966, 11-12).

La tâche essentielle du comparatisme sera alors d'élaborer un *interlangage*, par lequel le comparatisme pourra se définir comme une démarche de description, permettant d'envisager une multitude de "*discours* " (au sens de : "actes ou comportements communicatifs"), de *sous-systèmes de comportement*, qui au cours de l'histoire ont élaboré un sous-langage spécifique. L'élaboration d'un *interlangage descriptif* par le comparatiste permettra d'envisager une ethnographie ouverte, étudiant les cultures comme *polysystèmes en contact*[4]. Ces contacts – échanges d'objets, oppositions, dérivations, imitations (de "produits" et de "valeurs"), promotion, voire répression et élimination – définissent, en rapport avec les potentialités "internes" du polysystème, son rythme évolutif et ses réadaptations.

REFERENCES BIBLIOGRAPHIQUES

EVEN-ZOHAR, I. 1990, *Polysystem Studies*, Tel Aviv, The Porter Institute for Poetics and Semiotics.

FEYERABEND, P. 1979[2], *Against Method : Outline of an Anarchistic Theory of Knowledge*, London, Verso (Trad. fr. : *Contre la méthode : esquisse d'une théorie anarchiste de la connaissance*, Paris, Seuil).

FEYERABEND, P. 1987, *Farewell to Reason*, London, Verso.

FOUCAULT, M. 1966, *Les mots et les choses. Une archéologie des sciences humaines*, Paris, Gallimard.

HARRIS, Z.S. 1988, *Language and Information*, New York, Columbia University Press.

TOURY, G. 1988, *In Search of a Theory of Translation*, Tel Aviv, The Porter Institute for Poetics and Semiotics.

Adresses des auteurs :

Place Blaise Pascal 1
B-1348 Louvain-la-Neuve

Blijde Inkomststraat 21
B-3000 Leuven

---

[4] Pour l'emploi de cette notion en littérature comparée, voir EVEN-ZOHAR (1990) et TOURY (1988).

NOTES COMPARATIVES (1-6)

G. JUCQUOIS

Université de Louvain

1. EN GUISE D'INTRODUCTION

Nous avons entrepris, depuis quelques années, une recherche sur les fondements du comparatisme. Cette démarche nous a progressivement conduit à étendre à l'ensemble des sciences humaines une interrogation qui s'était formulée initialement dans le domaine de la grammaire comparée.

L'ampleur du champ à explorer et la diversité des points de vue rencontrés font souvent obstacle à une exploitation de la totalité des données. Il arrive fréquemment que des observations méritent d'être signalées, mais qu'elles ne puissent l'être dans le cadre de la recherche entreprise.

Dans ce contexte, la publication de petites notes constitue une sorte de complément à notre recherche.

2. LE "COMPARATISME" : UN LABEL NON CONTROLE !

Il semble de prime abord que l'adjonction du terme "comparatif" à la désignation d'un domaine de recherche apporte quelques précisions soit quant au champ ainsi envisagé, soit quant à la méthode utilisée.

Certaines disciplines ont ainsi acquis droit de cité : c'est le cas, notamment, du droit comparé, de la grammaire comparée, de la littérature comparée ou encore de l'anatomie comparée. S'il n'est pas toujours aisé, ni même possible, de préciser pour ces disciplines ce qu'il y a de spécifique par rapport aux mêmes disciplines envisagées en dehors du champ de la comparaison, a fortiori en est-il ainsi lorsque la tradition scientifique n'a pas encore déterminé cette éventuelle spécificité. Dans certaines disciplines, ainsi en grammaire comparée, on parle volontiers de "méthode comparative". En réalité, les travaux qui en traitent explicitent ce qu'il y a de spécifique à tel domaine plutôt qu'ils ne se situent à un niveau vraiment méthodologique et général.

Les disciplines comparatives se sont multipliées depuis le début du XIXe siècle et sur le modèle initial, semble-t-il, de l'anatomie comparée. Dans les tout derniers temps, on constate une extension d'emploi à divers domaines. Citons deux exemples récents : la création, en 1986, d'une chaire d'"épistémologie comparative" au Collège de France, et la création, en 1988, d'un groupe de contact du FNRS consacré à l'"histoire ecclésiastique comparée".

C'est pour répondre à ces besoins nouveaux sur le plan de la méthode que, de concert avec Pierre SWIGGERS de la Katholieke Universiteit Leuven, nous avons créé un groupe de contact, dans le cadre du FNRS/NFWO également. Ce groupe a pour objet l'épistémologie et la méthodologie des études comparatives.

On peut voir dans l'extension de l'usage du terme "comparé" ou "comparatif" soit l'effet d'une mode, soit l'expression de nouveaux besoins scientifiques. On pourrait aussi – on adoptera ce point de vue plus loin – considérer que ce qui peut apparaître comme l'effet d'une mode est en réalité l'adaptation scientifique à de nouveaux objets ou à de nouvelles perspectives sous la pression de facteurs internes ou externes qui rendent les jeux de comparaison nécessaires ou du moins utiles. Dès lors, modes et besoins scientifiques nouveaux ne seraient que l'expression de tendances identiques. La sociologie de la connaissance pousse évidemment à adopter ce point de vue plus complexe.

L'usage du terme "comparé" ou "comparatif", lorsqu'il n'est pas consacré par l'usage scientifique, est souvent laissé à l'appréciation du chercheur : si celui-ci entend souligner l'importance de la comparaison dans sa démarche, il le précisera par l'adjonction du terme "comparé". Ainsi, au début de ce siècle le grand historien SEIGNOBOS a publié un ouvrage intitulé "Essai d'une histoire *comparée* des peuples de l'Europe", volume constamment réédité ensuite. Cet emploi se justifie-t-il lorsqu'une approche est nécessairement comparative ? Par ailleurs, il importe de distinguer, dans l'emploi du terme "comparatif", les disciplines pour lesquelles existent complémentairement une approche comparative et une autre qui ne l'est pas. Cette dernière approche s'appelle généralement "descriptive".

La possibilité de cette distinction des deux approches dépend évidemment de la nature du domaine exploré : ainsi, on peut légitimement concevoir une anatomie descriptive et d'autre part une anatomie comparée, la première approche trouvant dans l'étude des organes d'une espèce l'ensemble de ses hypothèses et explications. De la même manière, on peut étudier le droit de tel pays à telle époque ou encore la langue de tel peuple durant telle période.

Certaines disciplines – ou sous-disciplines – ne se conçoivent cependant que dans le jeu de comparaisons : comment tenter une approche ethnologique sans se situer, au moins implicitement, dans une perspective comparative ? De même, comment entreprendre une étude historique sans se placer en position de comparer diverses données et situations ? On pourra multiplier, et aussi discuter, les exemples.

Enfin, d'une part, il existe des disciplines qui se fondent exclusivement sur des champs de comparaisons. Ainsi, la tératologie suppose une typologie des monstruosités et des critères d'appréciation qui supposent à leur tour des jeux de comparaisons. D'autre part, on peut concevoir des disciplines qui excluent au contraire toute approche comparative. C'est le cas pour l'axiomatique, ce l'est généralement aussi pour l'informatique.

En résumé, les grands traits d'une typologie du comparatisme sont repris dans le tableau suivant :

Comparaisons :	Exemples :
exclues	axiomatique
facultatives	anatomie
nécessaires	ethnologie
inhérentes	tératologie

Par ailleurs, l'approche comparative paraît partiellement dominée par des phénomènes qui peuvent apparaître comme étant des phénomènes de mode. On a signalé plus haut qu'il s'agit plus vraisemblablement de phénomènes sociaux, qui agissent soit comme stimulateurs soit, au contraire, comme inhibiteurs de la comparaison. L'action de ces phénomènes détermine ce qu'on peut appeler des zones de comparabilité. Ces zones sont délimitées par des seuils, plus ou moins précis, selon les domaines et les époques.

L'extension de la comparaison peut se produire sous l'action de facteurs extérieurs. Ainsi, lorsque les circonstances politiques contraignent ou incitent une communauté à entrer en relation avec une autre communauté, on constate de part et d'autre le développement d'un intérêt pour les réalités juridiques, commerciales, politiques ou culturelles de la communauté de contact. Les modalités de cet intérêt dépendent des rapports de force dans les relations entre ces communautés.

L'évolution propre d'une communauté peut déboucher également sur un intérêt pour une méthode de recherche qui soit davantage comparative. Ce cheminement peut se produire sans qu'une contrainte externe n'intervienne. On a vu ailleurs (JUCQUOIS, 1989, 19 sq.) que cette évolution suppose l'élimination ou le déplacement de barrières cognitives. Ce processus engendre toujours des modifications des zones de comparabilité et de leurs seuils.

Ces divers points de vue doivent être pris en compte lorsqu'on désire situer une discipline ou une démarche dans le cadre du comparatisme. Cela permettrait sans doute de voir plus clair dans l'usage d'adjectifs, "comparé" ou "comparatif", ou d'un substantif, "comparatisme", dont l'emploi à des fins scientifiques cache mal les ambiguïtés.

3. DELUGE ET COMPARATISME

Le récit du déluge, surtout dans sa version biblique fait partie du patrimoine mythique commun, notamment en Mésopotamie et en Occident. Le grand paléontologue CUVIER, véritable inventeur de la méthode comparative qu'il appliqua à l'anatomie avec une rigueur particulière, a tenté également d'autres types de comparaisons. C'est ainsi qu'il proposa une lecture unifiée de diverses versions de cet épisode mythologique. Ces textes présentent un intérêt pour souligner comment un "dérapage" méthodologique peut intervenir.

On sait que le mythe du déluge s'est construit, le cas échéant, sur base de catastrophes locales. C'est ce qui s'est produit en Mésopotamie notamment (LIMET, 1985, 384). Le thème du déluge est cependant très répandu et est presque universel (bien que rare en Afrique) : ce mythe fait partie des mythes de catastrophes cosmiques qui "racontent comment le monde a été détruit et l'humanité anéantie, à l'exception d'un couple ou de quelques survivants" (ELIADE, 1978, 405). Ces survivants constituent le début d'une humanité régénérée après l'expiation de la faute, souvent rituelle, commise par les victimes du cataclysme.

Si certaines versions se laissent ramener à d'autres, par le jeu d'emprunts ou d'interférences démontrables ou du moins vraisemblables, ce n'est pas le cas de l'ensemble de ces mythes. Ainsi, on le verra plus bas, le mythe biblique et les dérivés talmudiques sont à coup sûr dérivés du récit babylonien qui procède lui-même de la version sumérienne. Il est probable également que les versions qui circulent aux Indes soient d'origine sémitique et proviennent de la même source ultime (ELIADE, 1978). Qu'en est-il des versions iranienne ou grecque, ou de celles qui se rencontrent chez des populations autochtones des Indes ou de l'Asie du Sud-Est, ou encore en Mélanésie, en Polynésie, en Australie ou en Amérique du Sud chez des populations amérindiennes ?

Il va de soi, pour nous aujourd'hui, que ces diverses versions ne peuvent être expliquées comme relatant le même événement historique. Mais précisément ce qui va de soi pour nous aujourd'hui est l'inverse de l'"évidence" comparative à l'époque de CUVIER, d'où le problème de méthode développé dans cette note.

Scrutant d'éventuelles relations entre la Bible et le monde oriental ancien, le XIXe siècle savant se passionna pour ces textes cunéiformes écrits en langue sémitique ainsi que le démontra de façon irréfutable le test proposé en 1857 par la Société Asiatique de Londres à quatre chercheurs qui aboutirent à une traduction identique du même original. Des textes curieux furent découverts et traduits : il s'agissait de parallèles babyloniens à plusieurs récits bibliques, dont le récit du déluge (CAZELLES, 1959, 317). Ces textes donnaient une explication historique à certaines analogies rencontrées dans les récits de provenances variées.

Il est inutile de reprendre le récit du déluge (cf. la synthèse structurale du récit dans ELIADE, 1976, 181 sq.). Il est inutile également, pour notre propos, de reprendre les récits talmudiques qui dérivent du récit biblique initial (BERMAN éd. 1980, 140 sq.).

L'exégèse catholique s'attacha d'abord à imposer et à démontrer une interprétation stricte du récit biblique, c'est-à-dire "l'universalité absolue" du phénomène historique. Elle se rabattit ensuite sur ce que COPPENS (1939, 1064) appelait "l'universalité anthropologique de la catastrophe", pour admettre finalement et récemment que le récit biblique pouvait ne concerner qu'un peuple particulier. Les tentatives de CUVIER de rapprocher des récits diluviens de divers peuples et d'en établir une chronologie absolue s'inscrivent évidemment dans le contexte des deux premières thèses de l'exégèse catholique.

Grâce aussi à un long travail de critique textuelle interne, l'exégèse a démontré, depuis le siècle dernier, que le récit biblique du déluge comprenait deux couches d'origines différentes : la première, appelée yahviste, est judéenne et d'origine populaire, la seconde est savante et sacerdotale (BRIEND, 1985, 385; CAZELLES, 1959, 355 et 374; MOURRE, 1986, 1354).

D'autre part, la critique externe permettait de remonter du texte biblique à une source babylonienne (CONTENAU, 1957, 89) et, au-delà de celle-ci, à un récit sumérien (WOOLLEY, 1949, 16 sq.) dont les versions les plus anciennes "remontent au-delà de deux mille ans av. J.-C. et sont, par conséquent, antérieures de quelques siècles à Abraham". Les fouilles archéologiques ont établi, sur le site d'Ur, les traces d'un "déluge" sumérien qui "n'a pas été un désastre universel, mais un cataclysme local qui se confina aux basses vallées du Tigre et de l'Euphrate, et affecta une portion de territoire mesurant peut-être 400 milles de long sur 100 de large; mais aux yeux des habitants de la vallée c'était là le monde entier !" (WOOLLEY, 1949, 24).

Voilà, rapidement résumés, les faits relatifs au récit du déluge, au déluge lui-même et aux interprétations auxquelles celui-ci donna lieu. Examinons maintenant la thèse de CUVIER.

CUVIER enseigne que "partout la nature nous tient le même langage" et que "toujours elle nous répond que l'ordre actuel des choses n'a pas une origine bien éloignée" (CUVIER, 1841, 1. 14). L'histoire vient simplement *confirmer* "les résultats obtenus par l'examen des phénomènes naturels". Or, l'étude de divers peuples nous montre que c'est le peuple juif qui possède "l'écrit le plus ancien dont notre occident soit en possession" (Ibid.). De ces textes, le Pentateuque est particulièrement intéressant pour notre propos. Sa rédaction pourrait, selon CUVIER, être attribuée à Moïse et remonter ainsi à trente-trois siècles.

L'auteur fait ensuite la constatation suivante : "cet ouvrage et tous ceux qui ont paru depuis, *quelque étrangers que leurs auteurs fussent à Moïse et à son peuple,* nous présentent les nations des bords de la Méditerranée comme nouvelles; ils nous les montrent encore demi-sauvages quelques siècles auparavant; et enfin, *ils nous parlent tous d'une catastrophe générale,* d'une irruption des eaux, qui occasionna une régénération presque totale du genre humain" (CUVIER, o.c. 16, ital. de nous).

Ainsi, selon notre auteur, tous les textes anciens, même étrangers les uns par rapport aux autres, relatent une catastrophe générale due à une irruption des eaux à la suite de laquelle l'humanité connut, en quelque sorte, un nouveau départ.

Suit alors une chronologie absolue du déluge 'historique' selon les divers témoignages rassemblés par CUVIER et que nous résumons ici :

Textes :	Chronologie :
texte hébreu de la Genèse	4.174 ans
texte samaritain de la Genèse	4.869 "
trad. des Septante	5.345 "
traditions poétiques des Grecs	4.206 "
les Védas indiens	4.932 "
le Chou-King chinois	4.175 "
textes assyriens	4.030 "

L'éditeur contemporain du texte de CUVIER se croit obligé de justifier (M. Magdeleine de SAINT-AGY, o.c. 18 n.1) ces différences de datation : la variante de la Septante serait due "à l'inégalité de l'âge attribué à quelques patriarches lorsqu'ils engendrèrent", tandis que les différences entre les autres dates "n'ont rien d'étonnant, quand on considère que pendant longtemps ces dates n'ont été transmises que par voie de tradition orale". CUVIER, quant à lui, ne semble pas embarrassé par ces variantes et ne tente donc pas d'en imaginer une explication.

Les divergences chronologiques sont donc estimées comme peu importantes et sont mises — on vient de le signaler — sur le compte de la transmission orale jugée par l'éditeur du texte de CUVIER comme moins fiable que la transmission écrite. L'auteur pensait peut-être que ces menues variantes chronologiques (moyenne de -4.533 compte tenu des Septante, moyenne de -4.397 sans ce chiffre), à l'instar de la pratique de la critique textuelle où l'on s'attend normalement à de menues différences entre textes parents, constituaient des "preuves" de l'authenticité de ces datations.

Quoi qu'il en soit, tant CUVIER que son auditeur-éditeur estiment pouvoir se baser sur la convergence de ce qu'ils croient être une tradition, d'abord orale et ensuite écrite, commune à beaucoup de peuples supposés sans contact entre eux (pour certains d'entre eux du moins), pour affirmer l'existence d'un phénomène historique universel, le déluge.

Notre interrogation devient donc la suivante : comment un savant aussi rompu à la méthode comparative et qui l'avait d'ailleurs introduite aussi magistralement dans le domaine de l'anatomie comparée a-t-il pu formuler, sur ce point précis du déluge, une comparaison aussi dénuée de fondement que celle que nous avons rapportée ?

A la décharge de CUVIER, on se souviendra toutefois que le déluge était considéré comme phénomène historique de portée universelle par la plupart des grands esprits de son temps et on rappellera que c'était encore la thèse préférée de l'exégèse catholique jusqu'il y a fort peu de temps (cf. encore, dans COPPENS, 1939, 1064, l'exposé des trois thèses acceptables pour l'Eglise et les précautions prises par l'auteur pour défendre une thèse qu'aujourd'hui tout le monde accepte).

Le "dérapage comparatif" de CUVIER consiste en une confusion entre deux ordres de faits : des réalités historiques et archéologiques d'une part et des phénomènes qui ressortissent à la mythologisation et à la symbolisation de l'autre. Précisons ces deux ordres de phénomènes.

Le déluge biblique a son origine *historique* dans une ou plusieurs inondations de grande ampleur et dont on retrouve des traces archéologiques à divers endroits du pays de Sumer, ainsi à Kish et à Ur (WOOLLEY, 1949, 16 sq.; CONTENEAU, 1957, 89). Des dépôts alluvionnaires, d'étendue très limitée, en constituent la trace visible. Le souvenir de ces catastrophes locales s'est perpétué dans la mémoire collective et dans des récits qui perdront cependant rapidement leur caractère historique pour être mythologisés. Les textes ont gardé également le souvenir des temps antérieurs à ces catastrophes, ces souvenirs ont été eux aussi intégrés dans le récit mythique ultérieur (ELIADE, 1976, 181 et WOOLLEY, 1949, 24 sq.).

Il s'agit d'une tradition mésopotamienne fort ancienne, les textes babyloniens s'enracinant dans la tradition sumérienne. Le récit biblique se rattache lui aussi à cette tradition mésopotamienne (BRIEND, 1985, 385) et a donné lieu à toute une littérature visant à la comparaison des deux versions, babylonienne et biblique (CAZELLES, 1959, 317; CAQUOT, 1970, 362), ce qui ne manque pas de soulever d'ailleurs diverses difficultés qui ressortissent davantage à la littérature comparée qu'à l'exégèse ou encore moins à l'histoire (CAZELLES, 1959, 284; NOUGAYROL, 1970, 246 sq.).

Sur cette base historique, archéologique et ultérieurement littéraire, s'élabora progressivement un récit *mythique*. La symbolisation apparaît, en effet, dans toutes les versions connues du récit du déluge; "la majorité des mythes diluviens semble faire partie en quelque sorte du rythme cosmique : le 'vieux monde', peuplé par une humanité déchue, est submergé par les Eaux, et, quelque temps après, un 'monde nouveau' émerge du 'chaos' aquatique" (ELIADE, 1976, 75 et 182).

Le texte biblique, comme les récits talmudiques qui en sont issus (BERMAN éd., 1980, 140 sq.), et les textes mésopotamiens dont il provient "relèvent d'abord d'une réflexion sur le rapport de l'humanité au monde et à la divinité" (BRIEND, 1985, 385). Les versions mésopotamiennes du déluge ont sans doute facilité le processus de symbolisation puisqu'elles apparaissent d'emblée comme le résultat d'une mythologisation (LIMET, 1985, 384).

L'erreur de méthode commise par CUVIER et par tous ceux qui, à son époque ou ensuite, ont voulu voir dans les récits du déluge des témoignages historiques est d'avoir confondu et superposé deux plans : celui des faits historiques d'une part et le plan d'une éventuelle mythologisation de ces faits de l'autre.

C'est curieusement l'erreur commise également pendant longtemps par l'exégèse catholique qui ne renonça que lentement et très tardivement à voir dans le récit biblique du déluge une réalité universelle sinon historique, du moins anthropologique. Ce n'est que tout récemment, en effet, que l'interprétation mythique ou, du moins, symbolique de ce récit a prévalu (COPPENS, 1939, 1064).

Mais peut-être l'erreur de méthode se confond-elle avec l'erreur d'exégèse pour n'en constituer qu'une seule ?

4. GEORGES CUVIER ET LES DEBUTS DE L'ANATOMIE COMPAREE

Dans son *Histoire des sciences naturelles*, Georges CUVIER consacre quelques passages aux débuts de l'anatomie comparée. A la table des matières du deuxième tome (1841, 2, 545 sq.), il signale quelques "anatomistes comparateurs", ainsi qu'il les appelle. Il est intéressant de confronter ces quelques pages avec des histoires contemporaines des sciences. Nous nous limiterons ici à une comparaison avec ce qu'ont écrit sur ces débuts des auteurs tels que GUSDORF, GUYENOT et THEODORIDES.

Dès la seconde moitié du XVIe siècle, certains naturalistes, s'écartant résolument des conceptions aristotéliciennes, avaient souligné dans leurs travaux l'homologie structurelle qu'ils constataient entre diverses espèces vivantes. Parmi ceux-ci BELON occupe une place particulière : ses recherches sur les oiseaux (1555) lui firent prendre conscience des relations étroites existant entre leur squelette et celui de l'homme. La relation devenait d'ailleurs évidente si, comme il le faisait dans ses planches, on disposait les squelettes de manière comparable, debout, avec, pour l'oiseau, les ailes retombant comme des bras le long du corps (GUYENOT et THEODORIDES, 1969, 376). Vers le même temps, Leonardo da VINCI insista sur le parallèle très étroit, mais que l'on n'explicita que bien plus tard, entre les os de la jambe et du pied de l'homme et "ceux de la patte postérieure du cheval".

CUVIER traite longuement de BELON (1841, 2, 65-73) sans pourtant mettre en évidence les soucis comparatistes de cet anatomiste. Par contre, et la chose est étonnante étant donné la précision des comparaisons apportées par cet auteur, il ne cite pas Leonardo da VINCI.

Un auteur du XVIIe siècle, Marc-Aurèle SEVERINO, publia en 1645 une *Zootomia democritea, id est anatome generalis totius animantium opificii.* Cet auteur est important pour notre propos car il insiste, dans ce travail, "sur les ressemblances que présentent les animaux malgré leurs différences" (GUYENOT et THEODORIDES, 1969, 377). CUVIER (1841, 2, 50 sq.) ne lui consacre curieusement que moins d'une page alors que l'ouvrage de SEVERINO "est le premier ouvrage *ex professo* d'anatomie comparée". La référence à DEMOCRITE dans le titre vient de ce que ce philosophe aurait été le premier à comparer les animaux et l'homme. Malheureusement l'auteur voulut trop généraliser et entreprit des comparaisons "sans valeur entre les animaux et les plantes" (GUYENOT et THEODORIDES, 1969, 377). Ce n'est pourtant pas l'avis de CUVIER qui estime qu'on y trouve "des généralités très précieuses, qui ont servi de point de départ à l'anatomie comparée" (1841, 2, 51).

Le médecin hollandais Nicholas TULP publia en 1640 (et non 1641, comme l'écrit CUVIER, 1841, 2, 363) des *Observationes medicae* qui comprenaient une courte étude sur l'orang-outan. Il en donne un dessin et insiste sur la "ressemblance évidente entre ce grand singe et l'homme". D'ailleurs, outre le visage et les oreilles, identiques aux organes humains correspondants, les membres sont si pareils "qu'un oeuf paraîtrait à peine plus semblable à un oeuf" (GUYENOT et THEODORIDES, 1969, 388). CUVIER reconnaît les grands mérites du médecin hollandais qui "est un des premiers qui aient fait des observations d'anatomie comparée" (1841, 2, 363). Malgré cette importance, TULP, qui ne figure pas à sa place dans l'agencement du livre, n'est repris dans l'index de CUVIER que parmi les anatomistes et non parmi les "anatomistes comparateurs", selon l'expression alors utilisée. CUVIER ne lui consacre d'ailleurs qu'une page, ce qui est fort peu par rapport aux autres auteurs cités.

CUVIER traite assez longuement par contre de divers auteurs sur lesquels l'histoire contemporaine de l'anatomie comparée est au contraire plus discrète. Il explique que beaucoup d'auteurs du XVIIe siècle, "soit par nécessité, soit par l'influence d'une meilleure philosophie [cf. plus bas], consacrèrent ... leur temps à combiner l'anatomie humaine avec l'anatomie des animaux, et à en tirer des explications générales". Comme ces auteurs sont très nombreux, il ne les nomme pas tous, se bornant à "ceux qui méritent le plus d'être consultés, à cause de la foule de faits importants d'anatomie comparative et de vues diverses qu'ils contiennent et qu'on est exposé à reproduire comme nouvelles".

CUVIER cite alors Francesco REDI (1626-1697) qui "s'est attaché à examiner l'histoire et l'anatomie d'un grand nombre d'animaux, pour en tirer des conclusions générales" (1841, 2, 415). La démarche de REDI est "en général, de traiter les questions de physiologie sous un point de vue général, et de comparer à cet effet les différentes classes d'animaux" (1841, 2, 416-417; sur REDI et son époque cf. LENOBLE et BELAVAL, 1969, 177 et GUYENOT et THEODORIDES, 1969, 378 sq., qui le classent dans l'"anatomie microscopique", sans insister sur son rôle en tant que comparatiste).

Un autre auteur du XVIIe siècle suscite l'intérêt de CUVIER en tant que comparatiste : Claude PERRAULT (1613-1688). Ce savant "considéra l'anatomie des divers animaux surtout sous le point de vue physique et mécanique, en montrant comment les muscles et les autres parties attachées aux différents organes remplissent leurs fonctions" (1841, 2, 419), point de vue qui ressortit effectivement principalement à l'anatomie comparée. Il succomba d'ailleurs "victime de son zèle pour l'anatomie comparée, car il mourut en 1688, des suites d'une maladie qu'il avait contractée en disséquant un chameau attaqué de la gale" (sic !).

CUVIER cite encore, parmi les comparatistes, DUVERNEY (1648-1730), professeur d'anatomie au Jardin du Roi pendant soixante années durant lesquelles il eut comme élèves presque tous les anatomistes du dix-huitième siècle. Une polémique s'éleva entre lui et MERY (1645-1722) au sujet de la circulation dans le foetus et ce dernier, tout autant que DUVERNEY, chercha des analogies chez les animaux et surtout parmi les tortues. CUVIER montre ensuite qu'il est sensible à ce qu'on pourrait appeler le champ de comparabilité, c'est-à-dire les limites dans lesquelles une comparaison trouve toute sa force. Il ajoute, en effet, pour justifier la démarche de DUVERNEY et de MERY, que "les reptiles en général ont, dans la manière dont les vaisseaux sont dirigés vers le poumon, quelque chose qui ressemble un peu à ce que présente le foetus humain" (1841, 2, 421).

CUVIER cite enfin l'anglais GREW (1628-1711) qui donna au monde savant "une anatomie comparée des estomacs et des intestins d'une grande quantité d'animaux" (1841, 2, 423). Il ajoute que ce travail était "assez important pour servir de base aux diverses théories de la digestion qui furent proposées alors", réflexion qui prouve que CUVIER percevait clairement que le but de la méthode comparative devait être l'établissement d'une théorie générale.

C'est à ce même GREW – précision que n'apporte pas CUVIER et qui pourtant aurait eu son importance, dans la demi-page consacrée à l'anatomiste anglais – qu'on doit la première utilisation du terme d'anatomie comparée "comme titre de ses mémoires sur le tronc, sur l'estomac et l'intestin de divers Mammifères, Oiseaux et Poissons" (GUYENOT et THEODORIDES, 1969, 378).

On fait aussi remonter les études modernes d'anatomie comparée à un contemporain de GREW, un autre anglais, TYSON (GUSDORF, 1969, 1, 39). CUVIER ne lui consacre cependant que fort peu d'espace (1841, 2, 425-426) et n'évoque même pas son rôle, pourtant de premier plan en tant que comparatiste. En 1699, TYSON publie son *Orang-outang sive homo silvestris or the anatomy of a pygmy compared with that of a monkey, an ape and man.* Des travaux de ce genre vont dès lors se multiplier "et constituent un genre scientifique nouveau, par un échappement à la perspective aristotélicienne" (GUSDORF, 1969, 2, 169). C'est ce nouvel esprit qu'il importait sans doute de souligner comme étant propre à une mentalité dont le comparatisme n'est qu'une expression parmi d'autres. Cela semble avoir échappé à CUVIER qui range parmi les comparatistes certains savants dont le rôle fut fort modeste sur ce plan, tandis qu'il en omet d'autres pourtant de première importance.

N'oublions pas que c'est à cette époque, et dans le contexte anglais principalement, que se forma la théorie du *Christian virtuoso* que BOYLE, en 1690 et dans un ouvrage qui porte ce titre, formula de manière concise dans les termes suivants : "la proposition que je vais tenter d'établir est qu'un homme peut être un *virtuoso,* c'est-à-dire un philosophe expérimental, sans trahir sa conscience chrétienne" (Cité par GUSDORF, 1969, 1. 40).

Il ne s'agit pas, dans cette déclaration, d'une sorte de *captatio benevolentiae* destinée aux puissants. BOYLE était persuadé de ce que les preuves scientifiques devaient nécessairement conforter la foi; dans une phrase qui rappelle PASCAL il écrivait : "l'âme de l'homme est une réalité plus noble et de plus de valeur que tout le monde corporel" (DURANT, 1964, 98). A sa mort, BOYLE "laissa un fond pour financer des conférences qui devaient démontrer la vérité du christianisme contre les "infidèles notoires, c'est-à-dire les athées, les théistes, les païens, les juifs et les musulmans", ce à quoi il ajouta une condition, à savoir que "les conférences ne devaient pas faire mention des controverses entre chrétiens".

THYSON s'inscrit dans cette perspective d'une vision comparative (*a comparative survey*) : "la nature, qui peut se montrer réservée dans un animal donné se confesse et se révèle plus librement dans un autre. Une mouche a pu parfois donner de plus grandes lumières sur la véritable science des structures et sur les fonctions des parties du corps humain que n'auraient pu le faire des dissections répétées de ce même corps" (Cité par GUSDORF, 1969, 2. 170).

Pour THYSON, l'étude comparative des êtres vivants ne doit pas s'arrêter à l'anatomie ou à la physiologie. Il faut oser entreprendre une étude comparative de la psychologie, telle qu'on concevait cette dernière au XVIIe siècle, ainsi la sensation, le mouvement et les diverses fonctions de l'âme seront mieux connues par l'étude comparative de ce qui se passe chez l'animal. THYSON, par l'application de cette méthode, en arrive à supposer la filiation entre les espèces, vision véritablement prophétique (GUSDORF, 1969, 2, 171). On peut supposer que, pour THYSON et pour ses contemporains, "seule la crainte d'une secousse sismique théologique retint la biologie d'anticiper sur DARWIN au XVIIe siècle" (DURANT, 1964, 87). Il est cependant particulièrement piquant de constater comment CUVIER ignora ce grand précurseur que fut THYSON dans une méthodologie dont le mérite de l'invention lui revient néanmoins largement !

5. REMARQUES SUR CERTAINS MOTS DE LA FAMILLE DE "COMPARER"

L'absence presque totale de réflexion sur la nature du comparatisme, en tant que méthode scientifique générale, se reflète également dans le vocabulaire qui décrit les opérations de l'esprit qui compare.

Sur le plan lexical, cette situation se manifeste tant par certaines fluctuations que par la pauvreté de cette famille de mots. Commençons par le rappel des variations (dans cette note nous utiliserons les dictionnaires suivants : BESCHERELLE = BESCHERELLE l'aîné, *Nouveau Dictionnaire National ou Dictionnaire universel de la langue française* ... t. 1, Paris, s.d. [1845-1846 ?]; *Larousse en trois volumes*, Paris, 1975; LITTRE = Emile LITTRE, *Dictionnaire de la langue française*, Edition intégrale, t. 2, Paris, 1958; *Nouveau Larousse illustré*, Paris, s.d. [1897-1904]; ROBERT = *Le Petit Robert*, Paris, 1977) :

Comparatiste/comparateur : le premier terme désigne "celui qui se spécialise dans l'étude d'une science comparée" (ROBERT, s.v., p. 348) et ne suscite pas de commentaires. C'est le terme utilisé dans tous les domaines, droit, économie, littérature, sociologie, linguistique, etc ..., pour désigner, dans ce domaine, le spécialiste de la méthode comparative appliquée à ce domaine. Le mot ne semble pas attesté pour désigner celui qui s'intéresserait uniquement aux questions de méthode indépendamment d'un domaine particulier. Dire de quelqu'un qu'il est "comparatiste" n'est donc suffisamment clair que lorsque le contexte précise de quel domaine il s'agit.

Le second terme est cité par le même dictionnaire en tant qu'adjectif (*comparateur, trice*) : "qui aime à comparer. *Esprit comparateur*". Il est sorti de l'usage pour désigner un spécialiste de la méthode comparative. Le dictionnaire de LITTRE (s.v., p. 544, "comparateur") et celui de BESCHERELLE (s.v., p. 886, "comparateur") donnent encore "celui qui compare" comme substantif masculin. Au début du XIXe siècle, par exemple chez CUVIER, on emploie l'expression "anatomiste comparateur". Le terme "comparatiste" n'apparaît d'ailleurs qu'à la fin du XIXe siècle (ROBERT, s.v., p. 348).

Aucun des deux termes n'est repris dans le *Nouveau Larousse illustré* en six volumes (+ 1 vol. de supplément), publié (sans date) au début du siècle, tandis que le *Larousse en trois volumes* (Paris, 1975) consacre l'usage de "comparatiste" pour la personne spécialisée "dans toute connaissance étudiée du point de vue comparatif" (s.v. "comparer", t. 1, p. 702).

Le mot *comparatiste*, qui est un dérivé savant de "comparer", comprend le suffixe *-iste* qui "désigne ordinairement un homme qui, de quelque manière, s'occupe de ce qui est indiqué par le radical" (NYROP, 1936, 167, sur l'alternance *-eur* vs *-iste*, voir son § 337).

Comparatif, ive/comparé, ée : le second terme n'est autre que le participe passé du verbe "comparer" employé adjectivement. Le premier signifie "qui contient ou établit une comparaison" (ROBERT, s.v., p. 347). Le sens des deux termes semble bien être identique : tous les dictionnaires reprennent, au moins en partie, les mêmes exemples sous les deux lemmes et renvoient d'un lemme à l'autre.

Le *Dictionnaire* de ROBERT précise toutefois s.v. *comparé, ée* (p. 348) : "qui procède par des comparaisons", ce qui contient davantage l'idée d'une méthode de travail ou de recherche. Les exemples illustrent cela : "Méthode comparée. Anatomie comparée. Grammaire, philologie comparée. Droit comparé". Usage, effectivement le plus courant, mais que combattait LITTRE (s.v. "comparatif, ive", p. 544) : "anatomie comparative (dite plus souvent, mais moins bien, anatomie comparée)".

L'usage scientifique confirme l'usage de *comparé, ée* plutôt que *comparatif, ive*, dans tous les exemples repris plus haut. En linguistique toutefois, l'élaboration d'une linguistique comparée, indépendante de la grammaire comparée dont les visées sont uniquement historiques et génétiques, en discipline autonome dont la grammaire comparée ne serait d'ailleurs éventuellement qu'une partie distincte (ce qui représente une inversion de l'enchaînement historique des disciplines !), a encouragé l'emploi du terme "comparatif, ive". On dit donc aussi "linguistique comparative" ou même "grammaire comparative" au lieu de "linguistique comparée" qui garde le sens ancien de la seule grammaire comparée.

Ce dernier emploi est probablement marqué également par le souci et la volonté de se démarquer par rapport aux méthodes classiques de la grammaire comparée. Dans cette direction, l'opposition entre *comparé, ée* et *comparatif, ive* permettrait de distinguer des écoles méthodologiques au sein d'une même discipline.

Comparabilité : le terme est bien attesté dans les dictionnaires d'usage au sens de "qualité des choses comparables entre elles" (LITTRE, s.v., p. 542). Le terme est savant, l'exemple donné par LITTRE l'illustre : "la discussion des observations météorologiques, qui, depuis ces dernières années, prennent un caractère de précision et de comparabilité qu'elles ne présentaient pas autrefois (Ste-Claire DEVILLE, Acad. des sc. Comptes rend. t. lxxx, p. 175)".

Le terme semble peu usité par les comparatistes, à tort car il se justifie pleinement dans des expressions telles que "champ de comparabilité" ou "seuils de comparabilité" que nous avons proposées pour désigner les zones dans lesquelles se feront les comparaisons, délimitées par des seuils de comparabilité, dans un sens analogue au seuil de perception de la psychologie.

La notion doit être approfondie et serait sans doute d'une grande utilité méthodologique (cf. déjà JUCQUOIS, 1989, 19 sq.). Elle permettrait une approche formelle et objective des champs de comparaisons qui se déterminent largement selon des critères purement subjectifs non explicités.

Comparatistique : le français semble ignorer ce terme que d'autres langues (par ex. anglais, allemand, etc.) connaissent dans le sens de "domaine d'un certain comparatisme". Le mot s'emploie dans d'autres langues sans qu'on ne précise le domaine auquel le terme doive s'appliquer (cf. ci-dessus un usage identique en français, et dans les autres langues occidentales, pour "comparatiste"). Il serait utile d'employer le mot en français également, soit dans son sens restreint à un domaine particulier, soit aussi pour désigner l'ensemble des domaines étudiés selon les méthodes comparatives.

On constate que le vocabulaire spécifique au comparatisme en tant que méthode scientifique est peu précis. Bien entendu, au sein de chaque discipline s'est développée une terminologie adéquate. Il n'en demeure pas moins que l'absence de réflexion de portée générale sur la méthode comparative se reflète dans les lacunes et les imprécisions terminologiques.

6. LA NOTION DE "COMPARAT" ET L'ANATOMIE COMPAREE DES VERTEBRES

La comparaison scientifique ne devient possible qu'à partir du moment où l'on prend appui sur certains éléments des champs comparés. Dès les débuts de cette méthode appliquée à l'anatomie, on voit les comparatistes se centrer sur certaines parties du corps ou sur certaines fonctions dont ils font le centre de leur comparaison.

Ainsi, CUVIER (1845, 79 sq.), relatant l'historique des travaux sur l'organe de l'ouïe chez les poissons, cite les travaux de GEOFFROY, CAMPER et MONRO. Ces trois auteurs aboutirent en même temps, vers la fin du XVIIIe siècle, à démontrer que "l'oreille de la plupart des poissons ne consiste pas en un labyrinthe osseux, mais en un labyrinthe membraneux qui offre les mêmes parties que le labyrinthe osseux, savoir : un vestibule, trois canaux semi-circulaires qui sont dans la même position relative que ceux de l'homme et des quadrupèdes, puis un sac qui répond aussi au limaçon de l'homme et des quadrupèdes".

C'est alors qu'on découvrit "que le labyrinthe osseux, ou les cavités qu'on avait eu tant de peine à découvrir dans l'intérieur du rocher, n'étaient pas les parties essentielles de l'oreille". Les recherches ultérieures de COMPARETTI et de SCARPA portèrent alors sur un nombre d'espèces beaucoup plus grand, non seulement l'homme, mais encore "des quadrupèdes, des oiseaux, des reptiles, des poissons, des crustacés, des seiches, des poulpes, des insectes même". Ces recherches aboutirent, en 1789, "à faire voir que l'essence de l'organe de l'ouïe n'est pas le labyrinthe osseux, qu'on avait presque seul étudié jusque-là, mais le labyrinthe membraneux; qu'aussi ce labyrinthe membraneux existe toujours dans l'homme, dans les quadrupèdes, et contient une matière gélatineuse, dans laquelle s'épanouissent les derniers filets du nerf acoustique" (1845, 80).

Dans ses travaux d'anatomie comparée, CUVIER (1805, 1, 62 sq.) rappelle que "le but de toute bonne méthode est de réduire la science à laquelle on l'applique, à ses moindres termes, en élevant les propositions qu'elle comprend à la plus grande généralité dont elles soient susceptibles". Ainsi, poursuit-il, une bonne méthode en anatomie comparée doit être telle "que l'on puisse assigner à chaque classe, et à chacune de ses subdivisions, des qualités communes touchant la plus grande partie des organes".

L'exemple de l'oreille et la question du labyrinthe osseux et du labyrinthe membraneux, à propos desquels l'anatomie comparée n'a pas fondamentalement modifié nos connaissances depuis l'époque de CUVIER (cf. le résumé dans BEAUMONT et CASSIER, 1987, 262-271), permettent de poser une question théorique fondamentale du comparatisme, celle de la topique ou "lieu" à partir duquel est entreprise une comparaison (JUCQUOIS, 1986, 12 sq.). Dans l'exemple de l'oreille, cité plus haut, la topique sera successivement celle des catégories animales qui ne connaissent que le labyrinthe membraneux et celle des catégories animales qui connaissent les deux labyrinthes.

On constate que la topique de la comparaison de l'oreille varie selon que l'on inclut ou que l'on exclut tel embranchement ou tel autre. Illustrons notre propos en introduisant la notion de "comparat" et en l'appliquant à un point d'anatomie comparée. On entendra par le néologisme *comparat*, que nous proposons ici, l'ensemble des traits distinctifs qui, pour une topique déterminée, fondent une comparaison.

Soit le phylum des Cordés qui comprend trois embranchements d'importance d'ailleurs très inégale numériquement. Le premier de ces embranchements, celui des Tuniciers ou Urocordés, ne conserve le plan d'organisation caractéristique des Cordés que pour les larves. A l'état adulte, suite à une métamorphose complexe, les individus perdent la plupart des structures caractéristiques des Cordés. D'un point de vue topique, on les rattache cependant à ce phylum parce que leur état larvaire présente toutes les caractéristiques qui les opposent aux autres Métazoaires coelomates. Faute de tenir compte de cet aspect évolutif, on les plaça longtemps près des Mollusques (BEAUMONT et CASSIER, 1987, 1). Le second embranchement des Cordés comprend les Céphalocordés : "par leur développement et leur organisation ils sont beaucoup plus proches des Vertébrés dont ils évoquent l'archétype". Le troisième embranchement enfin comprend les Vertébrés qui sont de loin les plus nombreux.

L'anatomie comparée met en évidence, chez les Cordés, trois caractères originaux qui les opposent aux autres Métazoaires coelomates. Dans le plan sagittal, sont superposés (cf. fig.) un système nerveux dorsal (S.N.D.) qui, du fait de sa position par rapport au tube digestif, regroupe tous les Cordés en Epineuriens tandis que tous les autres Métazoaires coelomates, mis à part les échinodermes, sont des Hyponeuriens (précisions dues à l'amabilité d'E. GILISSEN) sont des Hyponeuriens. Le second caractère commun est la présence d'une corde dorsale, ou ventrale par rapport au tube nerveux, qui constitue le premier élément d'un squelette axial et qui donne son nom au phylum (Cordés). Enfin et troisièmement, un tube digestif (T.D.) ventral "dont la partie antérieure renflée ou *pharynx branchial* communique avec l'extérieur par des orifices pairs, les *fentes branchiales*, à rôle respiratoire chez les Cordés aquatiques" (BEAUMONT et CASSIER, 1987, 2).

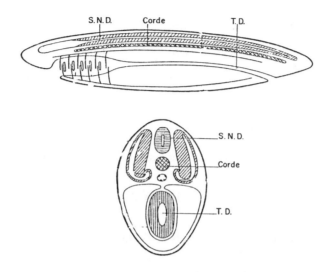

Schéma général de l'organisation d'un Cordé
(d'après BEAUMONT et CASSIER, 1987, 2)

Deux autres caractères sont communs aussi à d'autres Métazoaires coelomates, ainsi la métamérisation et l'appareil excréteur de type néphridien au moins chez l'embryon, ils ne peuvent donc pas permettre de classifier les Métazoaires coelomates les uns par rapport aux autres.

On réservera le nom de "comparat" à l'ensemble des trois traits distinctifs qui, au niveau du phylum des Cordés qui constitue la topique de la comparaison dans l'exemple choisi, permettent d'entreprendre une comparaison à l'issue de laquelle on doit ou non, pouvoir ranger telle espèce dans les Cordés.

REFERENCES BIBLIOGRAPHIQUES

BEAR, Jean 1958, *Cours d'anatomie comparée des vertébrés*, Neuchâtel.

BEAUMONT, A. et CASSIER, P. 1987, *Biologie animale. Les Cordés, anatomie comparée des vertébrés*, Paris.

BERMAN, Léon éd. 1980, *Contes du Talmud choisis et traduits par –*, Paris.

BRIEN, Paul 1951, *Eléments de zoologie et notions d'anatomie comparée, t. 1 : Introduction biologique. Protozoaires ...*, Liège.

BRIEND, Jacques 1985, "Déluge. 2. Dans la Bible", dans POUPARD éd. 384-386.

BRILLANT et NEDONCELLE 1939, *Apologétique : nos raisons de croire, réponses aux objections,* Paris.

CAQUOT, André 1970, "La religion d'Israël, des origines à la captivité de Babylone", dans PUECH éd., 359-461.

CAZELLES, H. 1959, "La Torah ou Pentateuque", dans ROBERT et FEUILLET éd., 277-382.

CONTENAU, Georges 1957, "Les religions de l'Asie occidentale ancienne", dans DRIOTON et al., 55-89.

COPPENS, Joseph 1939, "L'Ancien Testament", dans BRILLANT et NEDONCELLE éd., 1050-1097.

CUVIER, Georges 1805, *Leçons d'anatomie comparée. t. 1 : Les organes du mouvement,* (réimpr. Bruxelles, 1969) Paris.

CUVIER, Georges 1841, *Histoire des sciences naturelles ... t. 1 : Les siècles antérieurs au XVIe siècle de notre ère,* (réimpr. Bruxelles, 1969), Paris.

CUVIER, Georges 1841, *Histoire des sciences naturelles ... t. 2 : Comprenant les XVIe et XVIIe siècles,* (réimpr. Bruxelles, 1969), Paris.

CUVIER, Georges 1843, *Histoire des sciences naturelles ... t. 4 : Comprenant la deuxième moitié du XVIIIe siècle,* (réimpr. Bruxelles, 1969), Paris.

CUVIER, Georges 1845, *Histoire des sciences naturelles ... t. 5 : Comprenant la fin ... du XVIIIe siècle ...,* (réimpr. Bruxelles, 1969), Paris.

DRIOTON, E. et al. 1957, *Les religions de l'Orient ancien,* Paris.

DURANT, Will et Ariel 1964, *Histoire de la civilisation. t. 25 : Le siècle de Louis XIV (3),* Paris.

ELIADE, Mircea 1975, *Traité d'histoire des religions,* Paris.

ELIADE, Mircea 1976, *Histoire des croyances et des idées religieuses. t. 1 : De l'âge de la pierre aux mystères d'Eleusis,* Paris.

ELIADE, Mircea 1978, "Déluge (mythes du)", dans *Encyclopaedia Universalis,* t. 5, 405-406, Paris.

GUSDORF, Georges 1969, *Les sciences humaines et la pensée occidentale. t. 3 : La révolution galiléenne (1)*, Paris.

GUSDORF, Georges 1969, *Les sciences humaines et la pensée occidentale. t. 3 : La révolution galiléenne (2)*, Paris.

GUYENOT, E. et THEODORIDES, J. 1969, "Zoologie", dans TATON éd., 369-380.

JUCQUOIS, Guy 1986, *Analyse du langage et perception culturelle du changement*, Louvain-la-Neuve.

JUCQUOIS, Guy 1989, *Le comparatisme, t. 1 : Généalogie d'une méthode*, Louvain-la-Neuve.

LAURET, B. et REFOULE, F. éd., 1982, *Initiation à la pratique de la théologie*, Paris, 5 vol.

LENOBLE, Rob et BELAVAL, Y. 1969, "La révolution scientifique du XVIIe siècle", dans TATON éd., 195-216.

LEWIS, J.P. 1968, *A Study of the Interpretation of Noah and the Flood in Jewish and Christian Literature*, Leiden.

LIMET, Henri 1985, "Déluge. 1. Religions mésopotamiennes", dans POUPARD éd., 383-384.

MOURRE, Michel 1986, *Dictionnaire encyclopédique d'histoire. t. 3 : s.v. Déluge,* Paris.

NOUGAYROL, Jean 1979, "La religion babylonienne", dans PUECH éd., 203-249.

NYROP, Kr. 1936, *Grammaire historique de la langue française. t. 3 : Formation des mots*, Copenhague.

POUPARD, Paul éd. 1985, *Dictionnaire des religions*, Paris.

PUECH, Henri-Charles 1970, *Histoire des religions. t. 1 : Les religions antiques. La formation des religions universelles ...*, Paris.

RICOEUR, Paul 1978, "Mythe. L'interprétation philosophique", dans *Encyclopaedia Universalis*, t. 11, 530-537, Paris.

ROBERT, A. et FEUILLET, A. éd. 1959, *Introduction à la Bible. t. 1 : Introduction générale. Ancien testament*, Tournai.

TATON, René éd. 1969, *Histoire générale des sciences. t. 2 : La science moderne (1450-1800)*, Paris.

WOOLLEY, Léonard 1949, *Ur en Chaldée ou sept années de fouilles*, Paris.

Adresse de l'auteur :

Place Blaise Pascal 1
B-1348 Louvain-la-Neuve

POUR UNE ÉPISTÉMOLOGIE COMPARATIVE

Gilles Gaston GRANGER

Collège de France

0. Épistémologie *comparative*[1]... La nouveauté dans les mots fait quelquefois, non sans raison, mal augurer de la réalité des choses. Je suis donc tout prêt à abandonner l'adjectif, si l'on m'en presse, pourvu que l'on m'accorde le droit de préciser, pour le substantif, le sens en lequel j'ai toujours voulu le prendre. Il est vrai que le sens ainsi donné à l'épistémologie conduit naturellement au comparatisme. L'adjectif, toutefois, n'a pour but que de désigner une manière, parmi d'autres, de pratiquer l'épistémologie. Non pas à vrai dire une *méthode*, car il n'est guère à proprement parler de méthode en philosophie, et l'épistémologie est une discipline philosophique. Le mot de *méthode* ne saurait, à la vérité, s'appliquer que lorsqu'une marche à suivre est effectivement formulée, et que le but poursuivi est proposé sans ambiguïté *ex ante*. C'est-à-dire quand il s'agit de science ou de technique. Il n'y a point, en ce sens étroit, de méthode pour philosopher, mais plutôt des exemples. Aussi bien ne puis-je prétendre qu'à indiquer et justifier une manière de faire, et nullement énoncer des règles ou décrire des procédés.

Je me propose d'examiner successivement quatre points :

1. Le rôle et le statut d'une épistémologie comme *philosophie des sciences.*
2. Le "matériau" de l'épistémologie.
3. Structure et style.
4. Comparer.

1   Ce texte est le résumé d'une conférence faite à la Faculté de Philosophie et Lettres de la "Katholieke Universiteit Leuven" le 17 décembre 1988 devant le groupe de contact F.N.R.S. "Epistémologie et méthodologie des études comparatives" à l'initiative des Professeurs P. Swiggers et G. Jucquois.
Le texte a bénéficié des discussions qui ont suivi, et dont je remercie les participants à cette réunion.

1. ROLE ET STATUT D'UNE EPISTEMOLOGIE

L'épistémologie n'est pas une "science de la science" (une sociologie, une psychologie de la science), mais une philosophie. Constituer une science de la science est assurément une entreprise intéressante et possible; il ne semble pas que les méthodes et les documents dont disposent sociologues et psychologues aujourd'hui en permettent une réalisation satisfaisante. Quoi qu'il en soit, une telle connaissance positive des faits de science ne saurait se substituer à une philosophie de la connaissance scientifique.

Le rôle et le but de celle-ci est en effet :

a. de *comprendre* l'état actuel des sciences, leur rapport à leur passé, la nature de leurs problèmes. Ni juger, ni prescrire, ni prédire;

b. d' *interpréter* la science comme oeuvre humaine dans le contexte de la civilisation présente et passée. Mais d'autre part, l'épistémologue *ne s'intéresse pas nécessairement* en tant que tel aux questions éthiques soulevées par la pratique de la science, car ces problèmes, si importants et si pressants soient-ils aujourd'hui, n'ont pas de rapport direct avec la nature même de la connaissance scientifique.

2. LE "MATERIAU" DE L'EPISTEMOLOGIE

Que faut-il entendre par "la science" ? Non pas une idée abstraite ou un savoir idéalisé, mais les sciences réelles, telles qu'elles se manifestent, avec leurs errements, leurs erreurs, leurs incertitudes. Il faut alors distinguer l'épistémologie d'une "théorie de la connaissance" générale (*epistemology* des Anglo-Saxons, *Erkenntnislehre*, gnoséologie), qui traite des problèmes généraux de la connaissance, et non spécifiquement de la connaissance scientifique.

Nous prenons pour matériau les *oeuvres* scientifiques, non les démarches individuelles ou les états d'âme des savants. Ces oeuvres se présentent essentiellement comme des *textes*, car la science comporte nécessairement le développement d'un *discours* : il n'est de connaissance scientifique que formulée dans un système symbolique, langue naturelle ou symbolisme technique. Bien entendu, on tiendra compte des opérations matérielles et de leur instrumentation, mais toujours considérées avec leur(s) traduction(s) en discours. Cette condition d'existence symbolique entraîne la dualité d'aspect d'une oeuvre scientifique ; elle offre, d'une part, une organisation structurale des concepts, d'autre part une présentation *stylistique*. Cette notion de "style", que j'ai tenté de définir et d'exploiter par ailleurs, ne concerne pas simplement les modes extérieurs d'expression des idées, mais bien leur production et leur efficacité. Bornons-nous à dire ici que, dans toute représentation symbolique, une organisation latente des éléments non pertinents, non prescrite *ex ante* par un code, est possible. Il en naît des effets de style qui, dans le cas des oeuvres d'art et aussi de l'usage ordinaire des symbolismes, contribuent à l'expression d'une individuation du créateur. Il en est de même dans le cas des oeuvres de science ; mais alors ces effets peuvent révéler en outre à l'épistémologue attentif des obstacles et des perspectives non exprimées de façon manifeste, *un certain état de maturation des concepts.*

Si le matériau de l'épistémologie doit être la science concrète, prise par conséquent dans son devenir, quel est donc le rapport de l'épistémologie à l'histoire des sciences ? Une bonne histoire des sciences est déjà épistémologique : elle montre l'enchaînement des problèmes, des solutions et des concepts. Il faut à cet égard distinguer une histoire des *événements* scientifiques, étroitement dépendante du contexte historique global, et soumise aux hasards des réalisations individuelles, et une "dialectique interne" des concepts scientifiques : l'émergence des problèmes, l'enchaînement des concepts, les types de solution ont une contingence limitée. Les facteurs proprement extrinsèques d'une histoire externe déterminent les "conditions aux limites" du devenir de la science, comme les conditions aux limites du mathématicien déterminent la forme particulière de la solution d'une équation. Le tempo, l'orientation circonstancielle des recherches, les moyens mis à la disposition des savants, ce sont là bien évidemment des données capitales du développement des sciences. Mais ce sont des déterminations extrinsèques, qui n'expliquent nullement – ni, du reste, n'entravent à long terme – l'enchaînement des concepts. La bonne histoire des sciences qui ne saurait se réduire à une chronique des faits, prépare le philosophe à dégager les liaisons conceptuelles internes. L'analyse épistémologique utilise l'histoire comme *révélateur de la structure profonde des états synchroniques.*

3. STRUCTURE ET STYLE

On vient de souligner les deux aspects de l'oeuvre scientifique ; ils doivent être envisagés l'un et l'autre pour tirer parti d'une connaissance historique en vue de comprendre le statut synchronique des états de science.

Tout d'abord, la tâche principale de l'épistémologue me paraît être l'analyse *structurale* d'une oeuvre. Certes la notion de structure doit être entendue en un sens moins étroit qu'en mathématiques, mais cependant comme système défini de rapports entre tout et parties. Bornons-nous à indiquer quelques *topoi* d'une analyse structurale, afin d'en montrer des orientations possibles, sous forme de problèmes à poser à une oeuvre :

  a. Quels types de problèmes sont abordés ? (par exemple, pour l'oeuvre géométrique d'EUCLIDE, la nature de l'objet de science est alors définie par les possibilités de construction de figures et de mesures par la règle et le compas).

b. Quels sont les enchaînements de concepts effectivement productifs ? (par exemple dans la mécanique de NEWTON, un rôle important est joué par la représentation géométrique des mouvements, et l'interprétation des tangentes et des normales aux trajectoires – contrairement, par exemple, à ce qui aura lieu dans l'oeuvre d'un LAGRANGE).

c. Quelles lacunes et quelles contradictions sont apparentes à nos yeux, et éventuellement aux yeux mêmes de l'auteur ? (par exemple l'occultation du problème des grandeurs négatives, ou l'impuissance à le poser correctement dans l'algèbre jusqu'au XVIIIe s.).

d. Quel est le rapport des concepts théoriques à l'empirie ? (par exemple, sens opérationnel de la théorie marginaliste des choix économiques chez les fondateurs et chez leurs successeurs).

En ce qui concerne maintenant ce que nous avons défini comme le *style* d'une oeuvre, l'analyse peut faire apparaître différentes facettes des systèmes de concepts scientifiques. Par exemple :

a. Le rapport des concepts au symbolisme par lequel ils sont introduits et exprimés. (Un exemple classique est fourni par l'invention leibnizienne d'un algorithme ; sa formulation de l'intégration fait apparaître explicitement la variable et ses limites d'intégration, progrès essentiel sur les notations contemporaines usuelles).

b. Le rapport de l'"intuitif" – c'est-à-dire de ce qui est admis, utilisé et passé sous silence – , à l'explicitement formulé comme présupposé. (Par exemple, l'axiomatisation euclidienne, qui laisse implicite la plupart des présupposés topologiques ; l'explicitation des infiniment petits comme grandeurs "ε" soumises au calcul par WEIERSTRAβ).

c. Ce qui est mis en vedette comme problématique, ou au contraire passé sous silence. (Par exemple, la critique de la notion de référentiel et de mesures par EINSTEIN).

4. COMPARER

Ces tâches d'une épistémologie prennent tout leur sens et manifestent leur complémentarité par la comparaison des oeuvres, on a pu le pressentir dans ce qui précède. Nous distinguerons trois régimes de comparaison épistémologique, qui naturellement se complètent sans s'exclure.

1. La comparaison "horizontale": comment le même problème est-il abordé, quasi simultanément, et traité par la construction de différents systèmes ?
Exemple typique : la mathématique des quadratures au XVIIe siècle. Combinaisons différentes d'un style "arithmétique" et d'un style "géométrique" chez PASCAL, LEIBNIZ et NEWTON ; style géométrique très original chez CAVALIERI. L'intérêt d'une telle comparaison vient de ce que le même objet scientifique est alors visé, mais que son unité ne se révèlera pleinement, et ne sera effectivement *construite* qu'au terme de processus convergents mais distincts, voire concurrents. La comparaison stylistique qui, par exemple dans ce cas, dégage et interprète les différences dans le choix des indémontrables, dans l'invention et l'usage du symbolisme permet de mieux comprendre la nature des difficultés, le caractère propre des obstacles rencontrés dans les différentes directions (l'idée de limite, la distinction entre nombres de dimensions des grandeurs).
Un exemple plus limité, mais très topique serait fourni par l'étude des solutions du problème de la tangente à la Roulette par DESCARTES (centre instantané de rotation, réduction à un polygone, refus de l'infini), ROBERVAL (idée cinématique, combinaison de mouvements), et FERMAT (algèbre et "adégalité").

2. La comparaison "verticale" : comment les obstacles rencontrés pour résoudre un problème conduisent-ils à des refontes successives de la structure ? Le schéma le plus général me paraît être le suivant : on constate l'inadéquation d'un système d'objets d'une théorie relativement à l'application étendue des opérations qui les ont originairement caractérisés ; on est alors amené à refondre et élargir ce système d'objets pour restaurer la légitimité des opérations primitives. Exemple classique: la création des nombres complexes. On pourrait aussi appliquer cette idée à poursuivre l'exemple précédent de l'intégration : comparer l'intégrale de CAUCHY-RIEMANN et les intégrales de LEBESGUE, STIELJES, SCHWARTZ ... (La difficulté soulevée par l'hypothèse de points de discontinuité de la fonction à intégrer suscite une thématisation de la notion intuitive et naïvement opératoire d'ensemble de points, puis la reconsidération de l'idée de "mesure" comme dépendant de la structure d'un ensemble auquel elle est attachée, et comme fonctionnelle linéaire).

3. La comparaison "inter-sciences" enfin. Sensiblement plus aventureuse et spéculative, elle n'en est pas moins légitime et féconde. Il s'agit alors de mettre en lumière les *homologies fonctionnelles* d'un concept introduit dans diverses sciences, ou importé d'une science dans une autre. La comparaison fait ressortir la spécificité des objets, en même temps que la flexibilité de la pensée rationnelle, capable de traiter pour ainsi dire à un méta-niveau le rapport des formes aux contenus. Un exemple pourrait être donné par la notion d'équilibre, d'abord exploitée

en mécanique, puis transposée dans des domaines très divers des sciences de la nature et des sciences de l'homme. De même, la notion de "système". On se bornera sur ce point à deux remarques. La première est que pareilles comparaisons doivent redouter de confondre "métaphore" et homologie fonctionnelle. La seconde concerne la question des frontières entre domaines scientifiques. L'histoire des sciences en montre la mobilité, mais ne contraint nullement à un réductionnisme. La tâche de l'épistémologie est alors d'interpréter, autrement que par les seules conditions d'une sociologie de la science, le sens des délimitations provisoires, mais originairement fort rigides, que se donnent les différentes disciplines, et le sens de leurs transgressions.

5. EN CONCLUSION

Terminons cette esquisse par quelques observations touchant l'application d'une épistémologie comparative à certains problèmes actuels.

Dans les sciences biologiques, l'une des questions à traiter de ce point de vue pourrait concerner les modalités d'utilisation de concepts informatiques, et le renouvellement d'une notion très généralement utilisée, la notion de "système" déjà citée, mais qui s'y trouve explicitée dans une perspective nouvelle, associée aux tentatives encore très dispersées et incertaines de constituer une théorie de l'"intelligence artificielle".

En physique quantique, le problème demeure d'une compréhension du rapport micro/macro, de l'utilisation pour ainsi dire nouménale des probabilités, de l'interprétation du rapport objet/opération dans le cas des "particules" élémentaires.

Quant au domaine des sciences humaines, je me bornerai au cas de l'économie. Le point de vue comparatiste devrait s'appliquer avec fruit à l'examen de la scission entre modèles économétriques et modèles théoriques généraux, manifestée ouvertement par la nette divergence des instruments mathématiques d'une part et des attitudes à l'égard de l'empirie d'autre part. Quant à l'opposition micro/macro, elle paraît ici encore décisive, mais sans que sa signification, certainement assez différente de celle qui règne en physique, soit tout à fait claire et fondée. Enfin, l'étude comparative des choix de variables stratégiques et du privilège accordé respectivement à un objet en équilibre ou en déséquilibre permettrait sans doute de mieux comprendre la nature même, encore insuffisamment déterminée de cet objet.

Mais un tel recensement rapide, concluant un exposé aussi schématique, ne peut que trahir l'esprit même d'une épistémologie comparative. Laquelle ne peut en aucun cas se réduire à l'exposé d'un programme, mais se doit d'être un "art tout d'exécution". Et s'il fallait souligner, pour finir, un seul trait caractéristique de la manière de philosopher sur les sciences qui est ici proposée, je dirais que, quoique le but du philosophe doive être encore et toujours de susciter et légitimer des *idées*, une philosophie des sciences ne peut valoir que parce qu'elle est aussi *philosophie du détail*.

Adresse de l'auteur :

Collège de France
11 Place Marcelin-Berthelot
F-75231 Paris
France

LE "FAIT COMPARÉ"

P. SWIGGERS

F.N.R.S. belge

0. Dans cette note[1] je voudrais thématiser un problème important du comparatisme – comme théorie et comme pratique –, à savoir le statut du "fait comparé". Les questions envisagées ici sont les suivantes :

    a. Quels sont les faits que la comparaison fait "comparaître" ?
    b. Comment peut-on les connaître ?
    c. Comment sont-ils désignés ?

La troisième question relève plutôt de l'épistémologie (et de la méthodologie) de la communication scientifique (la transparence de la désignation étant la base essentielle de l'intercompréhension), alors que les deux premières sont au coeur même de l'épistémologie comparative (en tant que philosophie de modèles, totaux ou partiels, de savoir). Avant d'entamer cet examen épistémologique, je voudrais signaler que celui-ci se limite à la forme de comparaison que je voudrais appeler "intrinsèque", s'opposant à la comparaison extrinsèque, qui met en oeuvre deux ordres d'entités : des phénomènes (des données "observables" ou posées par description) et une norme, un idéal (relevant d'une stipulation). La comparaison extrinsèque me semble reposer sur un processus sémiotique de mise en rapport iconique (les phénomènes comme images ou approximations – le plus souvent imparfaites – de l'idéal); un cas concret serait celui de la "comparaison" de quelques graphies individuelles d'une lettre d'alphabet avec la lettre-type, ou celui de la

---

[1] La présente note est avant tout consacrée aux problèmes épistémologiques que pose la comparaison dans les travaux linguistiques (surtout en grammaire historico-comparative) et littéraires. Je tiens à remercier Henry HiŻ pour sa lecture attentive d'une première version de ce texte et pour les remarques constructives qu'il m'a communiquées et que j'ai eu l'occasion de discuter avec lui. Je tiens à remercier aussi Henry HOENIGSWALD, Guy JUCQUOIS et José LAMBERT pour les échanges d'idées à propos des méthodes et des problèmes de la comparaison.

comparaison de différents objets ayant la longueur d'un mètre avec le "mètre-standard". La comparaison intrinsèque, par contre, repose sur une sémiosis indicielle : les données (séries, structures) comparées (cf. 1.1.) sont conçues comme l'indice d'un rapport plus fondamental impliqué (cf. 1.2.).

1.1. La comparaison intrinsèque porte sur un nombre de données[2] : par "données", il ne faut pas entendre des données brutes, mais des données de correspondance. En ce sens, on peut dire[3] que la comparaison intrinsèque constitue un domaine particulier par rapport aux champs comparés : qu'on pense à la théorie des catégories en algèbre (cf. MACLANE 1975; KELLY - LAPLAZA - LEWIS - MACLANE éds 1972) ou la géométrie comparée (cf. BORSUK 1975), qui instaurent des concepts-clés (par ex. *mapping* ou mise en correspondance de deux séries; la forme géométrique) articulant un champ autonome (défini par le recours à des procédures particulières, comme la conversion, la commutation, etc...). Du point de vue typologique, il serait utile de distinguer ici entre :

a. *homologies* (= des correspondances d'ordre qualitatif, au niveau du contenu);

b. *équivalences* (= des correspondances quantitatives : celles-ci subsument toutes sortes de correspondances métrisables : chronologiques, numériques et autres);

c. *homomorphies* (= des correspondances formelles ou structurelles).

Ces correspondances peuvent se présenter sous deux modalités opposées : disjointes ou conjointes. Pour illustrer le dernier cas, il suffit de penser à l'objet classique de la littérature comparée : les "influences littéraires". Celles-ci reposent à la fois sur des correspondances chronologiques (= équivalences), sur des correspondances homologiques (transfert de thèmes, de motifs) et/ou des correspondances homomorphiques (transfert de genres formels, de procédés stylistiques). Quant aux correspondances "discrètes", on peut penser aux exemples classiques : homologies de contenus religieux (cf. les études de religion comparée) et juridiques (cf. le droit comparé), équivalences temporelles (chronologie comparée ou "universelle"), homomorphies de séries phonologiques ou morphologiques (grammaire comparée), d'organes, de tissus ou de configurations somatiques (anatomie comparée).

---

[2] Il n'existe pas de procédure permettant de délimiter ce nombre : les données sont choisies - et cette sélection se fait souvent sans qu'on justifie la réduction opérée - en fonction d'une visée particulière. C'est par rapport à cette visée que certaines données deviennent *intéressantes*, en tant que données de correspondance.

[3] Je dois cette idée à Henry HIŻ.

1.2. Ces homologies, équivalences et homomorphies sont parfois appelées des "faits"; elles constituent plutôt, si l'on veut, des "faits combinés"[4], et il faut les distinguer de ce que je voudrais appeler "le fait comparé". Celui-ci est basé sur un lien d'implication entre ces homologies, équivalences et homomorphies d'une part et un terme de fondation, explicatif et non normatif, d'autre part. Or, quelle est la nature de ce terme de fondation ? Il résulte de l'attribution d'une propriété, construite – ou mieux, "reconstruite" –, à partir de mises en correspondance, et ayant le degré de réalité nécessaire pour expliquer (ou "fonder") l'existence et le champ (délimité) des homologies, équivalences ou homomorphies. Quelques exemples permettront de préciser cette idée. La psychologie comparée étudie le comportement des espèces animales : elle se distingue de l'éthologie par la recherche comparative d'opérations et de traits de comportements chez les animaux et les hommes; les homologies notées entre ces comportements sont rattachées alors, par voie d'implication, à des "facultés" : celle de symbolisation, celle de l'adaptation au contexte, celle de l'organisation intentionnelle, etc... En anatomie comparée, les rapports métriques de boîtes crâniennes, et les équivalences quantitatives et structurelles entre certains organes sont ramenés aux termes de fondation suivants : parenté, évolution de l'espèce (évolution "linéaire"; évolution par différenciation; évolution par adaptation au contexte), etc... La grammaire comparée pose, à partir de l'examen de séries homomorphiques, comme principal terme de fondation, la *parenté* (génético-linguistique), dans une configuration historique particulière, marquée par des processus de différenciation, de régularisation, d'interaction, etc...

En fait, le terme de fondation le plus important – qui est fonctionnel dans toute comparaison s'appliquant à des objets en évolution continue (même si ces objets sont isolés de leur contexte évolutif) – est celui d'*identité*. L'identité référentielle (qu'on y associe une réalité substantielle ou une existence par convention descriptive) est un "fait comparé" tellement profond qu'on ne la relève guère telle quelle : cela semble dû à sa reformulation axiomatique comme principe primordial dans un nombre de systèmes scientifiques et philosophiques (cf. le principe de l'identité en logique). Ainsi, la reconnaissance d'une seule substance chimique (par exemple l'élément qu'on appelle "eau") à travers des manifestations très diverses (comme liquide, comme gaz, comme matière solide) n'est pas considérée comme un résultat d'une démarche comparée, mais comme un principe fondamental, relatif aux substances en tant que matières rentrant dans une matrice de classification, de la physico-chimie.

2. Que faut-il en conclure à propos du fait comparé ? On a vu qu'il se définit par un rapport d'implication entre les homologies, équivalences, homomorphies (qui sont elles-mêmes des rapports comparatifs) et un terme de fondation. Le

---

[4] Transposant ceci vers la théorie des catégories, on pourrait définir ceux-ci comme les relations à l'intérieur d'une algèbre.

fait comparé correspond donc à la table de vérité de l'implication (si A, alors B : valeurs 1-0-1-1). Cela explique les caractéristiques du fait comparé :

a. le fait comparé est non évident : l'établissement des homologies, équivalences et homomorphies ne s'impose pas comme donnée évidente, ni d'ailleurs le rapport d'implication (cf. d'ailleurs sa formulation conditionnelle) ;

b. le fait comparé est non absolu : la raison en est que le domaine des homologies, équivalences et homomorphies est toujours relatif (il n'y a aucune procédure décisive pour restreindre le champ), et, par voie de transition, le terme de fondation l'est aussi (du moins dans son extension; cf. la possibilité d'étendre la parenté linguistique au-delà de l'unité classique des "langues indo-européennes" et d'inclure, dans une famille "nostratique", ces langues avec les langues chamito-sémitiques et finno-ougriennes);

c. le fait comparé est non contraignant : on peut concevoir la possibilité d'un autre terme de fondation (on pourrait, par exemple, expliquer des homomorphies de formes linguistiques par l'emprunt ou par "l'unité foncière" des langues – *elementare Sprachverwandtschaft*[5] – et non par une parenté à l'intérieur d'une famille);

d. le fait comparé est trop peu rigoureux : le schéma implicationnel s'accommode d'une latitude quelque peu embarrassante[6], à cause du statut "non déterminant" de l'antécédent (*ex falso sequitur quodlibet* : l'implication est toujours vraie – mais n'est guère porteuse d'information – quand l'antécédent est faux ; quand celui-ci est vrai, la valeur de vérité de l'implication est décidée par le conséquent).

Le fait comparé est donc "relatif" dans tous les sens du terme : il est relatif aux données comparées, relatif par sa "structure" (le schéma implicationnel) et relatif par le choix d'un terme de fondement particulier.

3. On peut maintenant aborder les deux autres problèmes soulevés au début de cette note : comment le fait comparé est-il connu et comment est-il désigné ? Quant au mode de connaissance, je n'envisage pas ici les "techniques" de comparaison (mesurage, segmentation, etc...), ni l'organisation même de cette comparaison (association en chaîne; disposition en séries

---

[5] Cf. SCHUCHARDT (1917, 1919).

[6] Qu'on pense au problème de l'indétermination (relative) du rapport collatéral ou rectiligne entre deux langues qu'on compare et qu'on reconnaît comme apparentées ("langues soeurs" ou "langue mère et langue fille" ?). Cf. HOENIGSWALD (1960, 101-102, 132-137, 144-145; 1987).

structurelles, etc...); il s'agira uniquement de la modalité cognitive présidant à la construction du fait comparé. Celui-ci résulte d'abord d'une confrontation de phénomènes divers : on ne compare pas l'identique (ni le trivial). En deuxième lieu, ces "divers" *x* doivent être associables (la voie d'association pouvant être unique ou multiple) : on ne compare pas le totalement disparate. Considéré du point de vue de l'ordre des connaissances, "l'existence" du fait comparé relève du niveau de l'association "du divers"; plus précisément, le "fait comparé" serait le moyen terme (à portée fonctionnelle) des homologies, équivalences ou homomorphies reconnues. Ce moyen terme n'est pas caractérisé (au sens où on pourrait y associer une description à l'aide de traits), mais est posé – on aurait donc à faire à un axiome à base implicationnelle ! – par celui qui a établi les faits combinés (homologies, etc...). Quant à la désignation du fait comparé, elle est double (un examen des pratiques comparatistes montrerait d'ailleurs comment les deux types de désignation ont souvent été confondus) : il y a une désignation directe, qui se fait par le terme de fondation impliqué ("parenté", "identité", "évolution") et il y a une désignation indirecte, par les homologies, équivalences ou homomorphies (cf. la notion de "sacré" en religion comparée; la notion de "transgression de loi" en droit comparé; la notion d' "organe de respiration" en anatomie comparée; la notion d' "influence" en littérature comparée).

4. Concluons. Du point de vue de sa "structure logique", le fait comparé ressemble à l'attribution d'une identité à des "constantes individuelles" (dans le calcul logique, cette identité est axiomatique au sens fort du terme, c'est-à-dire non par implication) : il partage d'ailleurs avec les noms propres la caractéristique d'une double désignation (les modèles scientifiques ont eux aussi une référence directe et une référence indirecte). Dans l'ordre épistémologique, le fait comparé illustre le problème de la démarche abductive (statut de l'hypothèse généralisante) et démontre la simplicité trompeuse du schéma *explanandum - explanans*.

REFERENCES BIBLIOGRAPHIQUES

BORSUK, K. 1975, *Theory of Shape*, Warszawa.

HOENIGSWALD, H. 1960, *Language Change and Linguistic Reconstruction*, Chicago.

HOENIGSWALD, H. 1987, "Language Family Trees, Topological and Metrical", HOENIGSWALD, H.M. - WIENER, L.F. ed., *Biological Metaphor and Cladistic Classification*, 257-267, Philadelphia.

KELLY, G.M. - LAPLAZA, M.L. - LEWIS, G. - MACLANE, S. ed. 1972, *Coherence in Categories*, Berlin.

MACLANE, S. 1975³, *Homology*, Berlin.

SCHUCHARDT, H. 1917, "Sprachverwandtschaft", *Sitzungsberichte der Akademie der Wissenschaften zu Berlin*, 1917, 518-529.

SCHUCHARDT, H. 1919, "Sprachursprung", *Sitzungsberichte der Akademie der Wissenschaften zu Berlin*, 1919, 716-720, 863-869.

Adresse de l'auteur :

Blijde Inkomststraat 21
B-3000 Leuven

II. À TRAVERS L'HISTOIRE DE LA RÉFLEXION COMPARATISTE

REMARQUES SUR LES FONDEMENTS DU COMPARATISME CHEZ ARISTOTE

Helena Gilda MOREIRA FREIRE DE MORAIS BARROCO

Louvain-la-Neuve

> " *... il est évident que des substances sensibles individuelles il ne saurait y avoir ni définition, ni démonstration*"
>
> *Métaphysique, Z, 15*

1. INTRODUCTION

Certains systèmes théoriques s'investissent ou sont investis d'un caractère paradigmatique éminent en raison du rôle fondationnel qu'ils détiennent par rapport à l'ensemble des théories qui se situent dans la lignée que les premiers inaugurent. En ce sens, le caractère paradigmatique d'une théorie est proportionnel à la prégnance heuristique de son implication ontologique. Pour être fondatrice, une théorie doit comporter une dimension ontologique qui se manifeste au niveau de ses axiomes ou/et principes, s'il s'agit d'une théorie scientifique.

Par dimension ontologique, j'entends un ensemble d'indications contraignantes sur le mode d'accès au monde et les conditions de possibilité de déploiement de l'intelligibilité. Ceci veut dire qu'une théorie scientifique est paradigmatique dans la mesure où elle fonde un nouvel accès au monde, par lequel celui-ci acquiert un certain statut qui le pré-détermine, en lui assignant une certaine manière d'être.

Toute théorie qui nous propose une nouvelle orientation de recherche, fondant par là un horizon d'interprétation et de sens, s'enracine nécessairement au niveau ontologique, d'où découle sa prétention à la vérité. En effet, la valeur de vérité dont toute théorie prétend s'investir, reflétant ainsi un certain savoir du monde, provient de la dimension ontologique du paradigme qui la fonde. Une théorie quelconque qui s'inscrit à l'intérieur d'un certain horizon de recherche est une illustration ou représente un développement d'un paradigme qui lui est antérieur, mais ne peut pas être considérée elle-même comme une théorie paradigmatique, dans la mesure où elle n'est pas fondatrice mais fondée, faisant appel à des principes qu'elle considère comme acquis et qui lui servent de fondement ultime.

Quand nous essayons de faire l'archéologie du savoir scientifique occidental, nous nous rendons compte d'une imbrication fondamentale de l'histoire de la métaphysique – ou de la philosophie, plus généralement – et de l'histoire de la science proprement dite. Pour être plus précis, on pourrait dire : la pensée d'ARISTOTE est restée le paradigme ultime de la rationalité occidentale, tout au moins jusqu'à l'avènement des théories quantiques.

La tradition occidentale est tributaire de la pensée aristotélicienne et ne représente finalement qu'un ensemble de développements et de variations, voire de révolutions, qui, tous, se rapportent et puisent leur sens ultime à la métaphysique aristotélicienne. Ceci ne veut pas dire que je nie le caractère révolutionnaire de la science. Il faut, en effet, reconnaître que l'invention de la science moderne – c'est-à-dire la révolution newtonienne – s'est accompagnée d'une subversion ontologique qui constitue un tournant dans l'histoire de la métaphysique; cependant, on peut encore l'interpréter comme une expression achevée – ou radicalisée – de la métaphysique aristotélicienne.

Par ailleurs, dans la mesure où la physique classique est restée pendant longtemps le modèle des sciences dites humaines, celles-ci héritent du paradigme newtonien et par là, réitèrent le fond métaphysique occidental. Il semble donc du plus grand intérêt de revenir sur la pensée d'ARISTOTE et de l'examiner à la lumière de son rôle fondateur de la science moderne. Ce retour en arrière n'est en effet qu'un retour sur soi-même dans le but de procéder à une auto-élucidation de la modernité. Il se pourrait que de cette remémoration jaillisse, par ailleurs, quelque lumière sur l'impasse où nous sommes actuellement, laquelle étant éclairée, nous permettra de poursuivre notre chemin. En effet, nous sommes persuadés que la crise de la science n'est que le signe avant-coureur d'une mutation de paradigmes qui est en train de s'opérer, le tout étant de savoir s'il s'agit d'une remise en cause du paradigme de la science classique ou de l'effondrement du paradigme métaphysique occidental, si et en quelle mesure on peut renouer avec des traditions concurrentes, radicalement différentes, comme par exemple celle qui aurait pu prendre naissance chez ZENON ...

Les remarques qui suivent ont pour seul but de montrer la manière dont
ARISTOTE, en engageant la raison dans le sensible, fonde la possibilité de la
science moderne et lui donne pour tâche le déploiement de l'intelligibilité de la
réalité, sous la reconnaissance préalable de l'irréductible épaisseur ontologique
des étants sensibles. Le point de vue adopté dans ces remarques est, somme
toute, bien particulier, car nous ne nous occuperons ici, ni des fondements
ontologiques que la science reçoit chez ARISTOTE, ni de ses fondements
purement logiques. En effet, nous nous contenterons d'illustrer cette tâche de
fondation ultime de la possibilité de la science, à laquelle ARISTOTE s'adonne,
en nous aidant de deux exemples remarquables, à savoir la physique et la
biologie. Si ces deux exemples s'avèrent pertinents et nous permettent de
montrer que le savoir théorique aristotélicien de la Nature – c'est-à-dire, la
physique et la biologie – contient la possibilité des sciences respectives, on
pourra conclure qu'ARISTOTE est bien le fondateur de la tradition logico-
ontologique occidentale et que ce que l'on appelle la métaphysique
aristotélicienne n'en a pas fini de déployer son immense fécondité heuristique.

2. UN EXEMPLE CONTROVERSE : LA PHYSIQUE

Les auteurs s'accordent volontiers sur le caractère révolutionnaire de la
physique newtonienne, soulignant la rupture sans précédent qu'elle aurait
introduite dans l'histoire de la physique et sa radicale nouveauté par rapport à
la physique aristotélicienne. Nous aimerions revenir sur cette interprétation et
montrer que la physique aristotélicienne, d'une part, fonde la possibilité de la
physique comme savoir théorique et, d'autre part, énonce clairement pour la
première fois le caractère universel, continu et infini du temps, propos que l'on
retrouvera à la base de la physique newtonienne, en tant que condition de
possibilité de son développement. Envisageons donc successivement ces deux
points, à savoir :

a. La fondation de la physique comme savoir théorique.
b. Le temps d'après la *Physique* d'ARISTOTE.

a. À Aristote revient, en effet, le mérite d'avoir attribué à la physique le
statut de savoir théorique[1] et de l'avoir inclus parmi les sciences dont l'objet
serait le plus haut et le plus digne d'être questionné si, au-delà des substances
mobiles et sensibles, il n'y avait les substances immobiles et séparées (cf.
Métaphysique E, 1026a 15 et sv.), qui donnent lieu à la philosophie première;
l'importance de l'affirmation du caractère théorique de la physique ne doit pas
passer inaperçue, car elle correspond à un véritable acte fondateur qui marque
la constitution même de ce savoir. A ce propos, nous rappelons l'étude de

---

[1] Cf. par exemple, sa classification des sciences : *Métaphysique* E, 1, 1025b-1026a; K, 7,
1064a-1064b; *Physique* II, 3, 194b.

COULOUBARITSIS, *"L'Avènement de la Science Physique"* (1980), où l'auteur s'occupe à mettre en relief le caractère pionnier de la physique d'ARISTOTE, qui le premier a clairement reconnu la spécificité de la problématique concernant les étants sensibles et a jeté les bases de l'étude de la Nature.

En effet, il faut se rappeler la situation de la pensée au moment où ARISTOTE intervient, notamment l'impasse où les Eléates avaient jeté la réflexion avec l'affirmation de l'unicité de l'être et la négation du mouvement, dont les paradoxes de ZENON constituent une illustration paradigmatique. A cette situation, le platonisme n'apportait guère une aide, sinon qu'il aggravait et élargissait l'impasse. De toute façon, l'existence des étants sensibles semblait n'être qu'un effet d'apparence trompeuse, voire dénuée de toute épaisseur ontologique. La réalité des étants sensibles et de leur détermination fondamentale qui était le mouvement ne relevait pas de l'être, mais de l'apparence. Ils ne pouvaient donc donner lieu à aucune science parce que, justement, ils n'étaient que du domaine de la "doxa", de l'opinion. Or, l'oeuvre fondatrice d'ARISTOTE consiste précisément à renverser cet ordre ontologique, en affirmant la plurivocité inéquivoque de l'être et en reconnaissant ensuite la spécificité des substances sensibles, par laquelle la réalité ontologique du mouvement est donc posée. Par conséquent, les fondements de la science de la Nature sont d'emblée jetés : rien ne s'oppose à la constitution d'un savoir par principes et causes (cf. *Physique* II, 3, 194b) de "cette sorte de substance qui possède en elle le principe de son mouvement et de son repos" (*Métaphysique* E, 1, 1025b20; voir aussi *Physique* II, 1, 192b).

Le mouvement reçoit un statut ontologique puisqu'il correspond au mode d'être des étants naturels. Le mouvement est la détermination fondamentale de la Nature et la définit en son essence même. L'ontologisation du mouvement, chez ARISTOTE, qui correspond en fait à une substantialisation, sera le cheval de bataille de la physique moderne. Mais elle détermine de fond en comble l'approche qu'ARISTOTE développe de la Nature et traverse toute sa physique, en lui imprimant une orientation bien particulière. Cette orientation, qui est un point de vue préalable et une façon d'interroger les étants dont il est question, se manifeste dans l'analyse des différents problèmes et des thématiques dont se compose l'étude de la Nature, et peut être mise en rapport avec le refus aristotélicien de développer un projet mathématique de la Nature.

En effet, si, au premier abord on pouvait penser que l'on est devant un projet qui n'est que beaucoup plus tardif, s'avérant tout à fait déplacé dans le contexte de la pensée grecque, il suffit de nous rappeler l'idéal pythagoricien et la philosophie de PLATON pour que la viabilité historique, l'existence même, de ce projet du temps d'ARISTOTE soit un fait bien établi et une évidence. Il s'agit donc de souligner qu'ARISTOTE se débat explicitement contre ce projet et construit sa physique à l'encontre des théories qui, d'une manière ou d'une autre, posaient un rapport des mathématiques au cosmos.

La physique n'est pas mathématisable parce que les mathématiques sont la science d'un autre genre d'objets et ARISTOTE n'aime pas confondre les genres. Les quantités dont s'occupent les mathématiques ont peu de prise sur les étants matériels; de même les notions abstraites de la géométrie, auxquelles la réalité physique se prête peu. Un mouvement ne s'identifie pas à la trajectoire d'un point dans l'espace des géomètres parce que les étants physiques existent dans la réalité physique et celle-ci comme ceux-là sont d'un genre autre que les entités abstraites que les mathématiciens construisent. Les mathématiques ne peuvent donc prendre en considération les objets mus en tant que mus (cf. *Métaphysique* M, 3, 1077b25-1078a), elles ne peuvent donc pas s'occuper des êtres sensibles en tant que sensibles, mais seulement en tant qu'indivisibles ou en tant que solides, cas de la géométrie. Or, ces deux déterminations n'épuisent pas le propre du sensible et donc c'est là une réduction dont on doit reconnaître certes la légitimité, mais aussi les limites. Pour cerner ce qui est mathématisable dans le sensible, il faut procéder par abstraction, oublier la dimension sensible et poser séparément quelques-unes de ses déterminations. Si par là, on obtient des vues sur certains aspects du sensible, ce n'est sûrement pas d'une connaissance des principes du sensible qu'il s'agit. Dès lors, pour développer la physique, nous ne pouvons pas avoir recours aux mathématiques. Les nombres restent muets en ce qui concerne la détermination de la vraie nature du sensible et la structure de la réalité sensible ne les a ni comme cause, ni comme principe. Les nombres ne sont ni cause matérielle, ni cause efficiente, ni cause formelle, ni cause finale des choses (cf. *Métaphysique* N, 1029b20-25) et ils ne sont d'aucune utilité pour l'étude de la nature.

On comprend maintenant pourquoi l'avènement de la science moderne au XVIIe siècle est généralement lié à une renaissance du platonisme et pourquoi on associe volontiers les deux : le point de vue aristotélicien en soi ne pourrait jamais supporter la *Weltanschauung* qui est à la base de la science moderne; par contre, la conception platonicienne peut lui servir de base, puisque pour celle-ci la réalité sensible participe d'une façon finalement bien profonde du monde des idées et que sa structure ultime est d'ordre purement rationnel, voire mathématique. Le discrédit que le platonisme jette sur le sensible en tant que sensible, l'accent mis sur le dépassement des apparences et sur la recherche de l'ordre caché derrière les apparences servent de base métaphysique au projet scientifique de la Nature que le XVIIe siècle voit naître. Par ailleurs, si ARISTOTE, en voulant réhabiliter le sensible et fonder la possibilité de l'étude de la Nature, s'oppose à première vue à ce projet, ce n'est que parce qu'il se place dans la phase d'antithèse dont la science moderne représente la synthèse et le platonisme le point de départ. En effet, sans l'oeuvre fondatrice d'ARISTOTE cette synthèse n'aurait pas été possible; il la rend possible en développant le moment négatif, sans lequel d'ailleurs le platonisme n'aurait pas pu avoir été récupéré par la science moderne, du fait du manque de l'espace de l'attention portée sur la nature même.

En effet, "la différence" entre la science moderne et le platonisme est que la première replace le monde des formes dans le monde des faits et ne le reconnaît que sur base d'une corroboration factuelle. Et ce fut l'oeuvre d'ARISTOTE, que d'avoir porté l'attention sur la Nature et d'avoir fondé la possibilité d'une connaissance de la réalité sensible par des principes et des causes. C'est donc parce qu'ARISTOTE reconnaît l'épaisseur ontologique de la réalité sensible qu'il entend écarter toute étude qui ne l'envisage pas en sa manière d'être, en tant qu'elle est ce qu'elle est et non en tant qu'autre chose.

Ainsi, la physique qu'ARISTOTE développe est une physique substantialiste dans le sens où son but est d'étudier la substance sensible en tant que telle et de l'étudier à partir de ses principes et de ses causes. Son oeuvre fondatrice réside dans le fait d'avoir établi que la Nature a un mode d'être qui lui est particulier et que son mode d'être est d'être en mouvement, un mouvement dont on peut étudier les principes et les causes, c'est-à-dire qui est susceptible d'être l'objet d'une science théorique. Dans la mesure où ARISTOTE s'adonne à cette tâche fondatrice, sa physique devrait être une physique substantialiste, visant à thématiser ce qu'est la nature en elle-même et à expliquer son mode d'être à partir de principes eux-mêmes physiques. Ceci est particulièrement évident dans sa conception du mouvement : c'est parce que celui-ci est défini comme principe ontologique, de constitution d'être des étants matériels, qu'il sera envisagé comme un processus continu et irréversible (cf. *Physique* V, 5, 299a).

La primauté de la causalité finale vient de la conception du mouvement comme processus, conduisant toujours d'un état à un autre, où seuls les termes initial et surtout final sont déterminants (cf. par exemple, *Physique* V, 5, 299a). Si les étants contiennent en eux le principe de leurs mouvements, les états vers lesquels ils tendent agissent comme principes téléologiques et ce sont les états futurs qui expliquent les états présents. Le mouvement est déploiement de l'être, l'accomplissement ontologique des étants naturels. Le mouvement est ainsi changement à l'intérieur d'un même genre, par lequel le mobile perd et acquiert des déterminations qui se remplacent, dans un processus continu qui présuppose la persistance d'une identité qui se manifeste et ne fait que s'affirmer au cours du devenir.

Le mouvement est donc bien le mode d'être des étants matériels et la détermination ultime de la Nature. Tout le discours de la physique tourne autour du mouvement et s'organise à partir de la considération des "substances qui ont en elles-mêmes leur principe de mouvement" (*Physique* II, 1, 192b) puisque, d'une part, "il n'y a pas de mouvement hors des choses" (*Physique* III, 1, 200b) et, d'autre part, "la nature est toujours dans un sujet" (*Physique* II, 1, 192b). Par ailleurs, ARISTOTE a une conception statique de l'ordre cosmique qui se projette sur sa conception du mouvement : celui-ci justifie l'équilibre, tout état de mouvement n'est qu'un retour au repos, et ne correspond qu'à une récupération de l'équilibre, à une réaffirmation de l'ordre; la notion des lieux naturels n'est qu'une expression accomplie et paradigmatique de cette conception. Le mouvement conduit au repos, il est le passage d'un état de repos à un autre état de repos, par lequel l'étant naturel devient ce qu'il est.

Dans la *Physique*, ARISTOTE établit clairement l'éternité du mouvement, sa continuité et son unité. C'est d'ailleurs l'éternité du mouvement qui mène à l'affirmation de l'existence d'un premier moteur, immobile, qui couronne l'édifice de la science théorique de la physique et amorce le passage à la théologie.

b. Le rôle du temps dans la physique aristotélicienne est secondaire. Cependant, il nous semble que la façon dont ARISTOTE parvient à expliciter la problématique à laquelle le temps donne lieu et à thématiser sa problématicité intrinsèque, dégageant ce sujet de toutes les confusions et obscurités dont la tradition l'avait enveloppé, reste décisive pour l'histoire postérieure de la pensée "physique".

ARISTOTE a une conception relationnelle du temps; si le temps ne se confond pas avec le mouvement – "le temps n'est pas mouvement" (*Physique* IV, 10, 218b), affirme-t-il explicitement –, il "n'existe pourtant pas sans le changement" (*Physique* IV, 10, 218b), dans la mesure où en l'absence de tout mouvement il n'y aurait pas de perception du temps. Il s'agit donc de déterminer le rapport du temps au mouvement, c'est-à-dire de chercher "quel élément du mouvement est le temps" (*Physique* IV, 11, 219b). Et c'est alors qu'intervient la célèbre définition aristotélicienne du temps comme "le nombre du mouvement selon l'antérieur et le postérieur" (*Physique* IV, 11, 219a).

La possibilité de la physique moderne comme projet mathématique de la nature est inscrite dans cette définition. "Le temps est une mesure du mouvement" (*Physique* IV, 12, 220b), il est une grandeur continue dont l'unité est l'instant. Mais, "si l'instant mesure le temps, c'est en tant qu'antérieur et postérieur" (*Physique* IV, 11, 219b), comme le souligne ARISTOTE. Il faut mettre en relief le caractère central de l'instant en tant que pont jeté entre le mouvement et le temps : le temps ne reçoit son rôle de nombre du mouvement que parce qu'il se divise selon l'instant et est continu par l'instant; par ailleurs, ce n'est que parce que l'antérieur-postérieur est nombrable que le temps est une "espèce de nombre" et peut ainsi dire le mouvement, en y introduisant une relation d'ordre, c'est-à-dire de succession.

Puisque le temps est mesure, non du corps mû ou du mouvement pris absolument, mais seulement du mouvement en tant qu'il est une quantité, le temps est d'un ordre second, malgré son universalité. Rappelons, cependant, que pour ARISTOTE "le temps est partout et en tous (les corps mus) également" (*Physique* IV, 10, 218b), car cette conception annonce la nécessité de poser un repère univoque et anticipe d'une certaine manière ce que seront plus tard les "absolus newtoniens". Par ailleurs, puisque ce ne sont que les choses qui sont en mouvement ou en repos qui existent dans le temps, et qu'il existe d'autres choses qui ne rentrent ni dans l'une ni dans l'autre de ces deux classes − par exemple, les substances immobiles − le temps est confiné et ne correspond finalement qu'au mouvement de la sphère (cf. *Physique* IV, 10, 218b) des étoiles fixes; en ce sens, le temps est le nombre du mouvement circulaire et cela explique l'infinité du temps et la coexistence en lui de la différence (cf. *Physique* IV, 13, 222a-b) et de la répétition (cf. *Physique* IV, 14, 223b). De ceci, ARISTOTE conclut qu' "en effet, le temps même paraît être un certain cercle" (*Physique* IV, 14, 223b) ...

3. UN CAS EXEMPLAIRE : LA BIOLOGIE

Les historiens de la science et les commentateurs d'ARISTOTE sont unanimes pour reconnaître que les traités de biologie du Stagirite représentent l'accomplissement d'une tâche de systématisation sans précédent. D. ROSS, par exemple, affirme : "en biologie (...), que nous tenions compte de ses dons d'observation, du rassemblement du témoignage des autres observateurs ou de ses discussions théoriques, il était bien en avance sur son temps; il fut, en effet, vraiment le plus grand des biologistes anciens et le plus grand des biologistes modernes a pu dire de lui "LINNE et CUVIER ont été, bien que de façon différente, mes dieux, mais ils n'étaient que des élèves du vieux ARISTOTE" (ROSS, 1977, p. 112, citant DARWIN).

Qui plus est, il nous semble que l'oeuvre biologique d'ARISTOTE a la portée d'une oeuvre fondatrice, inaugurant l'étude théorique du vivant. Le livre I des *Parties des Animaux* constitue à cet égard la pierre angulaire des fondements de la biologie, car ARISTOTE y discute ses principes et ses conditions de possibilité, c'est-à-dire la manière dont il faut procéder pour aboutir à une connaissance de type théorique. La façon dont la discussion est conduite et le caractère "tâtonnant" des arguments utilisés nous mènent à croire que l'on est en présence d'une démarche véritablement fondatrice qui essaie de frayer le chemin et de jeter ses fondements, sans imposer une voie dessinée au préalable et retrouvée à l'avance. Certes, ARISTOTE discute, comme il aimait à le faire, les opinions de ses contemporains, mais il ne faut pas méconnaître la portée de cette attitude qui ne révèle que le souci de dialogue et d'écoute attentive de ses interlocuteurs, lesquels se devaient d'être également critiques. Cet aspect de la pensée aristotélicienne est particulièrement évident pour le cas qui nous occupe car, d'une part, il semblerait qu'il a réuni et systématisé la plupart des informations disponibles de son temps, faisant essentiellement oeuvre de systématicien ou de classificateur et, d'autre part, il a jeté les fondements d'une véritable science du vivant, dont le caractère pionnier est indiscutable, dépassant largement toutes les ébauches de théories, existantes à l'époque. Il faudrait souligner que l'accomplissement de cette tâche n'aurait sans doute pas été possible si ARISTOTE ne s'était pas engagé dans son époque, portant un regard critique sur les débats, les opinions et les théories en vigueur.

L'extrême fécondité du point de vue qu'ARISTOTE adopte, d'ouverture à la modernité dont il fut contemporain, se révèle finalement dans la tournure absolument originale que sa pensée a acquise, atteignant l'expression achevée des paradigmes. Ceci est d'autant plus vrai pour le cas de la biologie que des siècles plus tard c'est encore du paradigme biologique aristotélicien, réactualisé, par LINNE et d'autres qu'il s'agira de discuter, même si c'était pour l'éclairer d'un nouveau point de vue qui l'a finalement exposé et ouvert à un changement radical, donnant lieu à la constitution d'un nouveau paradigme. Ceci fut l'oeuvre de WALLACE et de DARWIN.

Essayons de déterminer quelques-uns des traits essentiels du paradigme biologique qu'ARISTOTE institue. Considérons à cet effet le livre I, mentionné ci-dessus, des *Parties des Animaux*. ARISTOTE y pose clairement les principes à suivre dans l'étude des êtres vivants. Ainsi peut-on y lire : "Il semble qu'il faut commencer (...) par recueillir les faits relatifs à chaque genre, pour ensuite en exposer les causes et parler de leur genèse" (640a). La justification de ce procédé vient peu après : "car la genèse est en vue de l'existence et non l'existence en vue de la genèse" (640a). Le but polémique de ces indications et leur caractère fondamental ressortent du contexte où elles apparaissent, étant donné qu'ARISTOTE affirme clairement qu'il s'agit d'une question de méthode (640a10) et qu'il faut la discuter car "ses prédécesseurs" (en l'occurrence, EMPEDOCLE) prétendent le contraire, c'est-à-dire qu'il "convient (...) d'exposer la genèse des êtres plutôt que leur organisation" (640a10).

Le caractère des études biologiques qu'ARISTOTE a développées apparaît déjà déterminé dans ces propositions de principe : si l'on doit commencer par "définir les caractéristiques du vivant, décrire ce qu'il est, dire sa nature, ses priorités et définir chacune de ses parties prises à part" (641a15-20), c'est que l'être explique le devenir, que chaque espèce est déterminée par une forme qui lui est propre, que la genèse s'explique par la présence d'un principe de finalité, que la fonction fait l'organe. Sans doute qu'il faudrait, pour comprendre les fondements ultimes de la biologie aristotélicienne, faire appel à ses conceptions métaphysiques et montrer comment dans les livres de la *Métaphysique*, ARISTOTE pose la substance comme principe d'intelligibilité du devenir et du mouvement, en articulant la cause formelle et finale aux notions d'acte et de puissance. Mais, vu qu'une recherche de ce genre dépasserait largement la portée de cet examen, nous nous limiterons à souligner que l'on retrouve dans les principes de base qui orientent les études biologiques menées par ARISTOTE, ses conceptions métaphysiques fondamentales sur, d'une part, la nature des étants matériels/naturels et la nature du changement, qui ne peut être éclairée convenablement que par le principe de finalité et, d'autre part, sur le rôle directeur de la substance en tant que principe d'intelligibilité de ces étants et de leur changement.

Si ARISTOTE conseille de commencer l'étude des étants vivants en procédant à l'application d'un principe de classification selon l'être ou l'existence, c'est parce que l'être est raison et la "raison est principe" (639b15), c'est-à-dire ce en vue de quoi un être est ce qu'il est et comment il est. Il ne faut pas confondre ce principe de classification selon l'être avec un simple rangement "selon l'ordre apparent d'une proximité typologique" (TORT, 1989, p. 16) car pour ARISTOTE une application suffisamment radicale de ce principe de classification mènerait à une compréhension telle des êtres qu'elle expliquerait également leur genèse. En ce sens, la portée de ce principe serait si vaste qu'elle recouvrirait le principe concurrent, de classification selon la genèse qui, lui, est largement insuffisant. Qu'il ne s'agisse pas d'un simple principe de classification extrinsèque, on peut le constater par la critique qu'ARISTOTE présente de la conception de DEMOCRITE, pour qui chaque animal se déterminerait selon "sa configuration extérieure et sa couleur" (cf. 640b30-35); ces déterminations ne permettraient alors même pas de distinguer un cadavre d'un homme vivant, comme le relève judicieusement ARISTOTE. Le caractère exemplaire de cette comparaison souligne bien le rôle de la finalité et le sens qu'il faut lui attribuer.

L'être vivant est une totalité dont l'unité ne peut pas être perdue sous peine de tomber dans des analyses absurdes qui voudraient s'occuper du vivant alors que précisément, il n'y en est plus question. ARISTOTE affirme explicitement que "quand on traite d'une partie ou d'un objet quelconque, il faut, dans un cas comme dans l'autre, considérer comme une obligation de ne pas faire mention de la matière et de ne pas la prendre comme but de la recherche, mais de s'attacher à la forme totale" (645a25-30). "De même, quand il s'agit de la nature, il faut s'occuper de l'assemblage et de la totalité de l'être, et non des éléments qui n'apparaissent jamais séparés de l'être auquel ils appartiennent" (645a35). Ceci met bien en évidence que pour ARISTOTE la Nature est imprégnée d'un principe d'intelligibilité qui permet d'expliquer à la fois son extrême complexité et la simplicité de ses moyens, lesquels se résument finalement à un principe d'économie selon lequel rien n'est en vain et tout poursuit une fin ("La nature fait tout en vue d'une fin", 641b).

Ainsi peut-il conclure à propos de la biologie que "le mode de démonstration à adopter est celui-ci : il faut montrer, par exemple, que d'une part la respiration se produit en vue d'une telle fin, et que d'autre part cette fin s'atteint par tels moyens qui sont nécessaires. La nécessité signifie tantôt que la fin étant telle, il est nécessaire que telles conditions soient remplies, tantôt que les choses sont telles et qu'elles le sont par nature (...). Tel est le genre de recherche, tels sont les faits dont il faut établir les causes" (642a30-35).

Terminons par quelques mots sur les fondements méthodologiques de la classification chez ARISTOTE, dont l'actualité ne peut ne pas nous frapper. C'est encore dans le livre I de l'ouvrage cité précédemment qu'ARISTOTE expose ses vues sur ce sujet, en commençant par écarter péremptoirement le procédé de la dichotomie, lequel, selon lui, non seulement se montre insuffisant

(642b5 et sv.) mais mène à certaines absurdités (642b20 et sv.) et induit même en erreur (642b15 et sv.). Il présente alors des indications positives en vue de procéder d'une façon adéquate; nous allons les énumérer, en citant l'auteur dans le texte :

1. "La bonne méthode consiste (...) à énoncer les caractères communs à chaque genre, en reprenant tout ce qu'il y a d'exact dans les classifications traditionnelles" (644b). C'est-à-dire qu'il faut "prendre les animaux genre par genre, en suivant l'exemple du vulgaire qui distingue le genre oiseau et le genre poisson" (643b10)

2. Chaque genre sera "défini par plusieurs différences spécifiques" (643b10)

3. "C'est presque uniquement d'après la configuration des organes et du corps entier (...) que l'on déterminera les genres" (644b)

4. Principe de l'explication de l'organe par la fonction : "Les parties du corps (existent) en vue des fonctions que la nature a assignées à chacune. Il faut donc traiter d'abord des fonctions communes à tous les êtres, ensuite de celles qui caractérisent genres et espèces" (645b16-20).

5. Principe d'analogie : "Les animaux possèdent des caractères communs tantôt selon l'analogie, tantôt selon les genres, tantôt selon l'espèce" (645b26).

Pour terminer, nous voudrions apporter une réponse à la question suivante : "En quoi les biologistes des XVIIIe-XIXe siècles diffèrent-ils d'ARISTOTE, si finalement il semble exister une ressemblance si frappante entre leurs principes méthodologiques ?" On pourrait dire : sous la parenté méthodologique de leurs recherches, nous retrouvons deux métaphysiques, l'une non explicitée, l'autre explicite, qui se font chacune une conception radicalement différente du temps. Or, il s'agit d'un élément absolument fondamental car le temps détermine de fond en comble notre perspective du monde. Chez ARISTOTE, le temps ne se confond pas avec le mouvement, comme nous l'avons vu précédemment; mais, d'une certaine manière il est en rapport avec le mouvement de la sphère des étoiles fixes. Le temps oeuvre dans le monde sublunaire, et le mouvement circulaire de la sphère assure sa continuité, son infinité, son éternité, mais aussi sa répétition. Les êtres vivants naissent et périssent mais de tout temps ils ont été et ils seront comme ils sont. Les espèces et les genres sont des substances secondes que le temps, qui frappe l'âme humaine et les êtres individuels, ne peut atteindre. En ce sens, ARISTOTE n'aurait jamais pu concevoir l'historicité de la nature, c'est-à-dire des formes naturelles. Or, DARWIN va justement transposer le temps sur la nature, en reconnaissant que la nature a une histoire et que cette histoire est une phylogenèse. Les espèces et les genres qui gardaient chez ARISTOTE un caractère heuristique éminent vont se voir attribuer chez DARWIN un indéniable statut ontologique d'entités qui ont une existence individuelle, qui interagissent entre elles selon des liens de parenté. La conception du temps ici présente est incompatible avec la perspective métaphysique qui sous-tend les recherches aristotéliciennes, développées d'ailleurs à partir de la mise entre parenthèses du rôle du temps, au profit de la primauté du mouvement et de sa subordination à la substance.

REFERENCES BIBLIOGRAPHIQUES

COULOUBARITSIS, L. 1980, *L'Avènement de la Science Physique. Essai sur la Physique d'Aristote*, Bruxelles.

ROSS, D. 1977, *Aristote*, London.

TORT, P. 1989, *La Raison Classificatoire*, Paris.

Adresse de l'auteur :

Rue de l'Hocaille 15, Bte 402
B-1348 Louvain-la-Neuve

LA COMPARAISON À L'ÈRE DE LA RAISON

Maurice Van Overbeke

Université de Louvain à Louvain-la-Neuve

> *"La connaissance de soi est possible, mais elle implique au préalable celle des autres; la méthode comparative est la seule voie qui conduise au but. La Bruyère aspirait à l'universalité en se contentant d'observer et d'analyser son propre milieu, son environnement immédiat : la vie de cour en France. Montesquieu inverse l'ordre : pour connaître sa propre communauté, on doit d'abord connaître le monde entier. C'est l'universel qui devient instrument de connaissance du particulier, plutôt que celui-ci ne conduise, de lui-même, au général."*
>
> *Todorov 1989, 332*

Il fut un temps où l'absolu n'était plus et où le relatif n'était pas encore. Le Moyen Age occidental avec sa quête des universaux, son idéologie centripète et sa cosmologie basée sur le récit biblique, avait atteint son déclin, voire sa décomposition, après la chute de Constantinople et la découverte du Nouveau Monde. L'historien des idées et des mentalités peut être tenté ici par une hypothèse de travail séduisante : le choc des deux mondes, l'ancien et le nouveau, aurait ébranlé l'édifice unique et absolu de l'Occident; découvrant aux antipodes des "vis-à-vis", celui-ci se serait livré à une comparaison tous azimuts, dont il ne pouvait attendre que la découverte de sa propre relativité. Or cette hypothèse ne résiste pas à l'examen des faits. Car la Renaissance et l'Humanisme, même s'ils oblitèrent la vision du monde médiévale, marquent un retour aux sources de l'antiquité occidentale et raffermissent ainsi la prétention à la prééminence et à la situation centrale de l'Occident. Il faut attendre le siècle des Lumières pour que se fasse jour et se propage l'idée d'une "réciprocité des regards", disant en somme : mon vis-à-vis me voit comme son vis-à-vis. Or, entre les grandes découvertes et les Lumières, il y a une période pendant laquelle l'Occident reste, malgré sa perception de la diversité des pays, des peuples, des cultures et des langues, viscéralement attaché à l'absolutisme et au centralisme. Mais en même temps, il commence à s'ouvrir à l'attrait de la différence. Chez les esprits les plus pénétrants et les moins sectaires s'élabore un timide comparatisme avant la lettre. Néanmoins, le rêve de l'universel et l'équation présumée de la logique et de la grammaire freinent encore considérablement la perception adéquate de la diversité réelle. La relativité est loin d'avoir gagné la partie, mais elle se profile déjà à l'horizon, menace pour l'ethnocentrisme, l'universalisme et la philosophie centripète, promesse pour l'émergence d'une linguistique moderne. Nous verrons que LEIBNIZ est un témoin représentatif de cette époque charnière.

1. PROJECTIONS ET OMBRES PORTEES

En matière d'attitude égocentrique, rien n'est plus instructif que l'histoire de la cartographie de la planète Terre et ce, à partir de la mappemonde d'HECATEE jusqu'aux atlas modernes réalisés au moyen de photos aériennes ou spatiales, elles-mêmes restituées par de puissants ordinateurs, en passant par les premiers portulans ou cartes de navigation, le planisphère de MERCATOR, le *Theatrum orbis terrarum* d'ORTELIUS, les cartes géométriques et autres cartes d'état-major, cadastrales ou routières. Dans sa quête ininterrompue, et par définition inachevée, pour cerner et représenter avec une précision toujours accrue la réalité géographique, l'homme semble depuis toujours aux prises avec deux faisceaux de résistance, dont l'origine commune réside dans le concept même de "projection".

Le premier ensemble de problèmes, sur lequel on ne s'étendra pas ici, mais qu'il faut signaler, ne fût-ce que pour situer l'ambiguïté sémantique du terme *projection*, tient à la représentation fidèle du galbe d'un objet (en l'occurrence la rotondité terrestre) sur une surface plane. Les Grecs, qui furent apparemment les premiers à prendre conscience du problème, finirent par avouer la précision relative (autrement dit, la relative imprécision) d'une telle projection[1]. A une époque plus récente, l'homme est néanmoins parvenu à concevoir des modèles mathématiques, les fameuses transformations géométriques ou translations topologiques, qui permettent de rendre compte des rapports entre les points d'une figure-source et les points correspondants d'une figure-cible. Ces modèles s'appliquent à des phénomènes aussi divers que les reflets d'objets dans les miroirs déformants (convexes, concaves ou

---

[1] La paternité des inventions scientifiques est elle-même un problème où se mêlent de farouches tendances ethnocentriques. Pour ce qui est de la projection en cartographie, on ne conteste pas, en général, ce qu'elle doit à la géométrie euclidienne. Bien que les Chinois semblent être parvenus à des représentations plus adéquates avant Mercator (cf. NEEDHAM, 1973, 46-50 et, plus récemment, TEMPLE, 1987, 35-36).

inclinés), la trajectoire de la lumière à travers un espace courbé au sens de la relativité restreinte d'EINSTEIN ou l'ombre d'une forme géométrique profilée sur un plan incliné, courbé ou polymorphe. Ils servent aussi à établir ce qu'il est convenu d'appeler les "correspondances géodésiques", c'est-à-dire de calculer pour chaque point relevant de la surface sphérique du globe son point correspondant sur une représentation plane. Pour autant, ils ne permettent pas d'aboutir à une projection idéale de l'objet courbe. Les lignes conventionnelles tracées sur sa surface convexe (parallèles et méridiens) et les angles tout aussi conventionnels que celles-ci forment en se recoupant, sont projetés avec plus ou moins de fidélité sur le papier plat de l'atlas, selon l'usage auquel celui-ci est destiné et, partant, selon les aspects que le cartographe aura voulu mettre en relief. Dès lors, chacune des projections courantes, qu'elle soit conique, cylindrique, zénithale, transversale ou interrompue, comporte un degré de réalisme acceptable par rapport à la démonstration qu'elle vise à servir. Mais aucune ne parvient à fournir une représentation fidèle de l'ensemble des propriétés telles que les surfaces, les angles, les échelles et les formes. L'expérience enseigne en effet qu'on ne saurait à la fois respecter les angles et les surfaces; autrement dit, le réalisme dans la représentation des angles se paie toujours par une certaine distorsion dans celle des surfaces et vice versa. On doit donc se faire une raison : quelle que soit l'habilité du dessinateur, quel que soit le degré de précision des traceurs et des scanners, il existera toujours dans la projection d'un objet sphérique sur une surface plane, un taux de déformation résiduelle et pour ainsi dire invétérée. Et même si cela n'était, les spécialistes nous apprennent que le papier, support le plus courant de ces projections, est susceptible d'allongements différents en hauteur et en largeur et qu'il reste soumis à des variations hygrométriques, les uns et les autres étant sources d'infimes mais réelles distorsions des images qu'il véhicule.

Si les difficultés inhérentes à la projection géométrique incitent déjà à la modestie, celles du second faisceau doivent inspirer un doute incurable quant à la capacité de l'homme d'atteindre à une connaissance objective de sa place topique dans l'univers, de son histoire, de sa race, de sa culture, de sa société, de sa langue et finalement de son individu au milieu des congénères proches ou lointains. S'agissant de l'histoire de la cartographie, on assiste d'abord à une projection **anthropocentrique**, dont la relativité n'est devenue évidente au grand public que depuis la conquête spatiale et les vols orbitaux qui l'ont préparée. En effet, lorsque l'homme découvrit que la terre tourne sur elle-même autour d'un axe central, il ne put s'empêcher de projeter la dimension verticale de son propre corps sur cet axe et d'en concevoir les extrémités comme étant situées "en haut" et "en bas", l'Arctique se trouvant "au nord" et l'Antarctique, "au sud". Il est vrai que ces références spatiales conventionnelles furent et restent d'une grande commodité à la fois pour l'homme qui se déplace à la surface du globe et pour celui qui consulte une carte géographique, mais elles perdent toute pertinence référentielle dès lors qu'on observe les mêmes réalités à partir de l'espace, où il ne saurait exister de repères que relatifs. Nous touchons ici à une première aporie de la vision et de la connaissance humaines. Car, l'orientation exige par définition un point de référence stable, un lieu de rapport auquel l'observateur puisse se situer. Et nous verrons que, dans ces conditions, la tentation est grande (et peut-être irrésistible) de se prendre soi-même ou son entourage immédiat comme axe central, comme point *cardinal* (au sens étymologique de ce terme, cf. lat. *cardo* = "gond, pivot, centre") de toute orientation. L'axe terrestre étant conceptualisé selon la verticalité du corps humain, on pouvait simultanément ou conséquemment latéraliser la perception du globe selon un axe horizontal s'étendant entre la gauche et la droite ou entre l'ouest et l'est. Mais, cette latéralisation spontanée était évidemment entachée de la même présomption que la projection de la dimension verticale. En effet, l'est ne peut se trouver à droite qu'à une double condition, à savoir : (i) que la partie supérieure du corps coïncide avec la région septentrionale et (ii) que le champ balayé par le regard se trouve face à lui, comme c'est le cas lorsqu'on regarde une carte géographique, une mappemonde ou une page d'atlas.

Avec une conceptualisation latérale du globe, on passe de la projection anthropocentrique à la projection *ethnocentrique*. Avant que l'homme ne découvre que la terre n'est pas le centre de l'univers, qu'elle tourne par exemple, de même que d'autres planètes, autour du soleil, il voyait celui-ci "se lever" à l'est et "se coucher" à l'ouest. Aussi, dans certaines langues, dont le français, ces points cardinaux reçurent-ils les synonymes respectifs de *levant* et de *couchant*. Mais ces directions ne pouvaient fonctionner comme repères qu'à condition que le spectateur se trouvât "au centre", regardant tantôt à droite, tantôt à gauche. Etant donné la rotondité de la terre, toutes les régions avaient en principe une chance égale d'être considérées comme l'est ou l'orient. Il suffisait pour cela que le spectateur eût installé son observatoire à l'ouest de la région concernée. On vit néanmoins les vocables *orient* et *oriental* réservés à la désignation de latitudes bien déterminées. Un pays fut même arbitrairement désigné comme étant celui du "soleil levant" et il porte cet emblème dans son drapeau national jusqu'à ce jour. Or, si le Japon représente le pays où le soleil se lève, ce ne peut être que pour un spectateur (le plus souvent un voyageur ou un navigateur) qui se trouve, lui, à l'ouest. Autrement dit, certaines régions ne sont "orientales" que pour l'Occidental, qui lui-même ne peut s'appeler ainsi que par rapport à sa propre projection "orientale". Et ces contrées ne peuvent rester durablement orientales, à la fois dans la représentation spatiale et dans la dénomination lexicale, que pour des locuteurs, des sociétés, des ethnies qui se sont confortablement installés "au centre". Il va de soi que même au *Pays du soleil levant*, le soleil se lève à l'est de celui-ci et que dès lors, quelqu'oriental qu'on soit aux yeux des autres, on peut toujours trouver plus oriental que soi, à condition de porter le regard encore plus à l'est. De même que dans un trousseau de clés, la position de chaque clé peut être définie par rapport au point de l'anneau qu'on voudra bien considérer momentanément comme référence, de même chaque région du globe peut être située comme centrale, ou au contraire, comme périphérique (ou même excentrique), selon le regard adopté par le spectateur. On sait que lorsqu'en 1519, les Espagnols conquièrent le Mexique, le dernier empereur aztèque MOCTEZUMA reconnut en leur chef CORTES, l'homme blanc, sous l'apparence duquel le dieu QUETZALQUOATL devait redescendre sur terre, *venant des mers orientales*. Ce sont ces mêmes mers, qu'on appelle l'*océan Atlantique* et que l'Européen situe à sa main gauche, autrement dit, à l'ouest. Il ne serait pas difficile de trouver, par l'étude de l'histoire comparée des civilisations, bon nombre de tels exemples illustrant la relativité de ce genre d'orientation. Or, l'histoire de la cartographie a entre autres cet avantage qu'elle visualise sans ménagement les projections ethnocentriques de ses auteurs. C'est très frappant pour les Chinois, qui furent sans doute les premiers à concevoir une projection mathématique du globe[2], mais qui n'en situaient pas moins spontanément leur pays au centre, quand ils ne se bornaient pas à la seule description de celui-ci. Que cette vision ethnocentrique dût aussi se traduire dans la dénomination même du pays (*Zhong guo* = pays du centre) n'a pas de quoi étonner, compte tenu de ce qui précède. Mais la tendance est indéniable aussi dans la projection de MERCATOR, commandée par CHARLES-QUINT dont on sait qu'il fut à la tête d'un empire *"sur lequel le soleil ne se couche jamais"*. Cet empire-là ne pouvait par définition se trouver au milieu, puisque le dicton suggérait précisément qu'il se trouvait partout, que le soleil ne pouvait pas luire sans qu'une partie au moins en fût éclairée, ou encore qu'il y faisait toujours jour quelque part. L'ubiquité relative du soleil, concentré dans ce raccourci imagé, aurait pu mettre MERCATOR à l'abri de l'ethnocentrisme et force est de reconnaître qu'il parvint à en éviter les formes les plus banales, dans la mesure où sa projection géométrique, tant normale que transversale, permit de dérouler et d'aplatir la surface du globe sans privilégier aucun méridien ni aucune parallèle. Pourtant, l'appareil géométrique pour la représentation intégrale du globe étant au point, il a fallu décider quelles régions seraient les plus dignes d'être représentées, en fonction de ce qu'on appellerait de nos jours une "projection géopolitique". Or, tout comme CHARLES-QUINT, MERCATOR était un Flamand du seizième siècle, ressortissant d'un immense empire déclinant, dont l'Europe, et plus spécialement l'axe Pays-Bas/Espagne formait le centre de gravité. Il convenait donc de respecter des préséances, des hiérarchies, des dépendances. Pour prolonger l'image citée plus haut, le soleil qui était censé ne jamais se coucher sur l'empire, semblait tout de même s'attarder plus sur la terre ferme que sur les océans, plus sur l'hémisphère nord que sur l'hémisphère sud, plus sur les Pays en-deçà que sur les Pays au-delà. Ces derniers s'appelaient déjà d'*outre-mer*, l'adverbe *outre* (cf. lat. *ultra*) indiquant le côté opposé au spectateur, celui dont la définition et la localisation ne peuvent se faire que par rapport au point central par lui occupé.

2. UNE ORIENTATION SANS ORIENT

Le caractère foncièrement relatif de toute projection géographique saute aux yeux lorsqu'on consulte l'*Atlas stratégique* de G. GHALIAND et J.P.

---

2 La cartographie peut être considérée comme procédant du souci de se représenter l'ailleurs dans ses rapports avec l'ici. C'est sans doute la raison pour laquelle les Chinois, qui ont produit des cartes célestes, sont restés avares de cartes terrestres.

RAGEAU[3]. On y trouve un grand nombre de cartes qui ne revendiquent pas le réalisme absolu, ni même l'approximation géodésique idéale, mais qui se présentent simplement comme des projections relatives, voire ethnocentriques. Elles illustrent, par exemple, le monde "vu de l'Union Soviétique" ou "la vision nord-américaine du monde", ou encore "le monde vu par la Chine". Dans ce dernier cas, pour nous le plus dépaysant, et pour cause, la Chine (*Zhong-guo* = Pays du Milieu) occupe effectivement la place centrale avec, comme environnement occidental immédiat (à gauche sur la carte), l'*Asia Zhou* (continent Asie) attenant à l'*Europa Zhou*, derrière lequel on aperçoit, dans l'ouest très lointain, le *Daxi Yang* (l'Océan du Grand Ouest = Atlantique). Toujours à l'ouest, mais un peu plus à l'écart que les continents précités, se profilent l'*Afrika Zhou* et le *Dayang Zhou* (le continent du grand océan = Australie). Mais pour trouver l'*Amerika Zhou*, qui figure à main droite sur la carte, c'est-à-dire en "extrême orient", il faut traverser d'abord la *Dong Hai* (Mer de l'Est), ensuite ce vaste aplat bleu du *Taiping Yang* (Océan de la Grande Paix = Pacifique). Dans le même ouvrage, pour savoir comment l'Australie et la Nouvelle Zélande perçoivent de nos jours leur sécurité, on trouve une carte qui permet de se rendre compte de leur relatif isolement dans l'hémisphère sud, grâce à l'indication du rayon d'action des missiles TU-95 à partir des bases soviétiques méridionales, de la zone d'influence de la septième flotte américaine dans l'océan Indien et des distances qui séparent Sidney de San Francisco ou de Tokyo. Notons qu'il s'agit, dans la plupart des "projections" traitées dans cet ouvrage, de perceptions qui ne participent pas de la paranoïa, procédant par procès d'intention à partir de données gauchies ou tronquées. Au contraire, les perceptions ethnocentriques, surtout lorsqu'elles concernent la stratégie et donc les rapports de force (et parfois même la survie), sont basées sur des constats froids et lucides de la réalité environnante, pour la bonne raison que toute sous-estimation ou surestimation de l'autre, qu'il soit voisin, partenaire, concurrent, adversaire ou ennemi, risque de se solder par la perte de tout ou partie des forces, de l'influence, de la vie même de la communauté d'intérêt, coupable de l'évaluation erronée. Les données sont donc le plus souvent réelles et leur estimation, réaliste, mais elles viennent s'intégrer dans un dessein, dans une projection, où la dite communauté occupe d'office la place centrale. Une réflexion plus fine lui permettrait d'accorder ces mêmes desseins et projections aux autres communautés proches et lointaines, mais il en découlerait un relativisme démoralisateur, une tolérance "désarmante", au double sens de ce terme. Or, tous deux sont les pires ennemis de la stratégie-rapport-de-forces. Au point que tout langage relativiste – et l'*Atlas stratégique* qu'on vient d'évoquer en participe indubitablement, dans la mesure où il juxtapose les projections sans exclusive et sans préférence – est spontanément suspecté par les communautés concernées de vouloir favoriser "les autres".

---

3 CHALIAND-RAGEAU (1983) : La carte "Le monde vu par la Chine" s'y trouve à la p. 17.

L'histoire de la cartographie a donc des vertus décapantes en ce qu'elle illustre indirectement la lente prise de conscience de la nature inévitablement "projective" des représentations géographiques. Elle est "désorientante" à double titre. D'une part, au sens habituel, dans la mesure où elle met en cause le point de repère à partir duquel nous étions habitués à nous orienter et que nous considérions comme universel. D'autre part, au sens étymologique du terme *(s')orienter*, dont l'emploi le plus ancien, attesté en 1680, signifiait "(se) tourner vers l'est" ou "(se) disposer en direction de l'orient"[4]. Ce n'est qu'au cours des siècles suivants que le verbe a acquis le sens de "disposer une chose par rapport aux points cardinaux" ou, dans son emploi réflexif, "déterminer la position qu'on occupe par rapport à des repères". Dire que l'histoire de la cartographie est "désorientante" équivaut donc à mettre aussi en cause la lexicalisation même du verbe *(s')orienter*, dont le noyau trahit une préférence pour le point cardinal *Orient*, alors qu'une civilisation autre que celle vue et vécue par l'Occident aurait très bien pu forger le terme **(s')occidenter*. Par ailleurs, pour comprendre comment une langue comme le français a pu accepter à la fois (mais pas en même temps) le verbe *orienter* et l'idiomatisme *perdre le nord,* il faut se rappeler d'une part les fidèles chrétiens et musulmans se tournant vers l'est, dirigeant leurs édifices (et souvent leurs pèlerinages) vers l'est; d'autre part, l'invention de la boussole et son emploi courant dans la navigation. L'impression principale qui se dégage de l'histoire de la cartographie est donc celle d'une lente et laborieuse conquête du relativisme dans la façon de percevoir l'occupation humaine de l'espace terrestre. Si cette prise de conscience a indéniablement été favorisée par les grandes découvertes, elle n'a cependant pu prospérer que grâce à une **révolution copernicienne du regard.** Et il n'est pas interdit de penser que le comparatisme linguistique, même s'il est loin d'incarner toutes les vertus du regard relativiste, n'eût pas pu émerger si des esprits éclairés n'avaient pas, aux XVIIe et XVIIIe siècles, su réorienter la perspective même qui préside à la comparaison. Car la découverte d'autres continents, d'autres peuples et d'autres références socio-culturelles n'avait pas à elle seule induit une attitude respectueuse de la diversité des opinions, des coutumes et des goûts. Au contraire, la rencontre des "naturels" des régions nouvellement découvertes, suscita immédiatement la question de savoir si l'on pouvait leur accorder le statut humain ou leur imputer la propriété d'une âme. Et quand la réponse était affirmative, on en déduisait qu'il fallait de toute urgence ouvrir cette âme aux valeurs du christianisme, jugées universelles. La rencontre donnait donc spontanément lieu à une comparaison par laquelle l'*autre* était dépouillé de ce qu'il avait de non conforme au *même*. C'était pour l'essentiel une comparaison réductrice, inconsciente de son effet réducteur, et qui devait le rester tant que la découverte d'autres continents et civilisations servait les objectifs de la colonisation, de l'évangélisation et du mercantilisme.

---

4 Le *Grand Robert* (édition 1966, tome 4, p. 782) donne comme exemple de cet emploi : Les anciennes églises étaient généralement orientées; et il cite le Manuel d'archéologie de C. ENLART : "Dans les monuments de construction occidentale, c'est à partir du VIIIe siècle seulement que les absides furent généralement orientées, c'est-à-dire tournées vers l'est."

3. COMPARAISON, TERRE NOURRICIERE DE LA RELATIVITE

Que la découverte d'autres langues ait été victime d'un même abus comparatif n'est pas étonnant. Le Nouveau Monde fut découvert à une époque où les langues nationales commençaient à s'affranchir de l'hégémonie des langues dites "classiques" ou "saintes". Quelques méritoires qu'elles fussent, les premières ébauches comparatistes (avant la lettre) n'en continuaient pas moins à consolider l'ancienne logique selon laquelle une langue dite "populaire" ou "vulgaire" ne pouvait avoir quelque excellence que dans l'exacte mesure où elle ressemblait à une langue classique. A l'époque où Christophe COLOMB entend dans les paroles de ses "Indiens" des allusions au pays du Grand Khan qu'il croit avoir trouvé (en effet, ils lui parlent des *Cariba* pour désigner les anthropophages des Caraïbes, mais ne comprenant que ce qu'il veut bien comprendre, il entend *Caniba* et en conclut qu'il s'agit de sujets du Khan); au moment aussi où il hésite à accorder à leur parler le statut de langue[5] l'Occident a déjà une longue tradition réductionniste dans le domaine de la comparaison linguistique. Ce qui se reproduit dans cette mésaventure n'est en effet que le refus du label de qualité, refus infligé jadis aux langues "vulgaires" comparées au latin, refus adressé désormais à celles dites "indigènes" comparées au portugais ou à l'espagnol (et bientôt au hollandais, à l'anglais et au français). Mais, c'est en même temps, et de la façon la plus paradoxale, la reconnaissance d'une certaine qualité, celle que la langue indigène doit à sa ressemblance (réelle ou inventée de toute pièce) à la langue du conquérant et qui permet à ce dernier de comprendre sans avoir eu à l'apprendre. C'est que toute comparaison, quels que soient le motif ou le prétexte qui l'animent, comporte implicitement l'aveu d'un tiers commun, d'une intersection entre les phénomènes juxtaposés. Mais cet aveu confine au paradoxe lorsqu'il se justifie par l'affirmation, explicite celle-là, que les termes de la comparaison ne sont pas comparables; autrement dit, que la différence irréductible la vide de sa substance et de sa raison. Dans ce cas, au demeurant très répandu s'agissant de races, de cultures et de langues, on veut donc bien comparer, mais à condition que l'un des deux termes, celui auquel s'identifie l'initiateur de la comparaison, continue d'être considéré comme "incomparable". C'est la comparaison qu'on pourrait appeler **sans commune mesure**. La démarche ressemble un peu à celle du despote qui consentirait à organiser des élections générales à condition que son pouvoir sans partage n'en soit pas le moindrement affecté. Mais cette comparaison stérile comporte un avatar peu fécond : au lieu de prendre appui sur la différence infranchissable, il ferme les yeux sur toute différence, la tient pour superficielle ou provisoire, la gomme au besoin, pour que de la comparaison ne sorte que l'identique. C'est la **comparaison-assimilation**. Réduire la différence à l'identité, c'est à l'évidence le moyen le plus simple de ne pas prendre au sérieux le multiple et le divers. C'est les considérer comme des "épiphénomènes", comme des ombres de réalité qui prennent des formes différentes selon l'éclairage qu'on leur accorde, mais qui n'équivalent jamais à la réalité elle-même. La comparaison

---

5   Voir TODOROV (1982, 36), cité par JUCQUOIS (1989, 89-90).

"sans commune mesure" et la "comparaison-assimilation" qu'on vient d'évoquer, conduisent, malgré leurs visées apparemment opposées, à des effets identiques, qui consistent à colmater les brèches par où pourrait s'infiltrer le relatif. Force est de constater ici une étrange connivence entre le cartographe et le "linguiste" avant la lettre. Le premier, que la navigation tous azimuts et la découverte de nouveaux continents n'incitent pas à quitter son poste d'observation privilégié, ce centre de gravité à partir duquel il prospecte la planète entière, n'arrive pas à remettre en question le caractère prétendument absolu de son "foyer" optique. Le second, malgré la découverte d'un foisonnement d'autres langues, ne parvient pas à jeter aux orties le crible de sa langue maternelle, à travers lequel il observe et analyse la diversité venue d'ailleurs. Il veut bien consentir à vérifier en quoi les parlers indigènes sont différents du sien ou y ressemblent, mais c'est à condition que son propre système linguistique reste le point de référence, la pierre de touche apte à révéler la qualité (le plus souvent douteuse) des systèmes étrangers. Il faudra encore des siècles pour que cette comparaison en sens unique soit abandonnée et remplacée par une vision plus équitable, où chaque idiome est considéré comme un crible particulier à travers lequel se manifeste une structuration unique d'un univers et d'une expérience humaine irremplaçables.

4. LA COMPARAISON AU SERVICE DE LA RAISON UNIVERSELLE

En attendant, l'esprit humain cède aux séductions de l'universel. Dans la lente genèse de la pensée linguistique, il y a des ébauches lointaines qui prêtent aujourd'hui à sourire, mais dont il faut chercher les motivations profondes si l'on veut mettre à nu les déterminismes cachés des convictions modernes. La contemplation de la diversité, nous l'avons vu, ne conduit pas d'elle-même à l'acceptation du relatif, tout comme la navigation intense, les voyages de plus en plus lointains et finalement le tourisme moderne, n'incitent pas d'office à une remise en cause du "chez soi". Mais elle lance à l'intelligence humaine un défi, celui de comprendre, de ramener le multiple à l'unité, de réduire le divers au simple, de rassembler l'épars en un même lieu. Quoi de plus naturel que de vouloir faire coïncider l'unité, le simple, le même lieu avec le "chez soi" ? Pour comprendre, c'est-à-dire pour atteindre à l'universel, il suffit d'introduire du "chez soi" dans tous les phénomènes extérieurs ou étrangers. Mieux, il faut que le "chez soi" devienne le ciment de la diversité apparemment hétéroclite; il faut que dans chaque phénomène, jadis soustrait à la compréhension, soit introduit un principe unique dont il est censé participer; il faut que tout particulier trouve sa place dans un seul arbre générique, que tout individu soit subsumé sous le même genre.

Que la solution séduise les esprits les plus éclairés trouve une illustration convaincante dans la *Brevis Designatio* de LEIBNIZ. Nous verrons que le document est significatif à la fois par la réticence envers le relativisme linguistique et par une sorte de "fuite en avant" universaliste. C'est pour l'essentiel la parfaite image inverse ou le négatif des fondements de la linguistique moderne. Rappelons que LEIBNIZ (1646-1716) est l'un des personnages les plus cosmopolites de son époque. Voyageur polyglotte en rapport épistolaire soutenu avec les plus éminents philosophes et savants de son temps, il occupe entre l'Allemagne, la France, la Hollande et l'Angleterre un poste d'observation permettant un brassage d'idées, de cultures, de langues, de savoirs nouveaux et surtout, incitant à la comparaison ininterrompue. Devant cette diversité débordante, sa tendance naturelle est la tolérance. En matière de langues, une mode vieille de plusieurs siècles tend à imposer l'idée que toutes dérivent d'une seule langue "adamique". Beaucoup de ses prédécesseurs et contemporains se sont mis en frais pour prouver que cette langue n'est autre que l'hébreu, langue "sainte" entre toutes, puisque c'est celle de la Genèse, où sont contés les premiers pas de l'humanité[6]. LEIBNIZ ne peut se satisfaire de cette hypothèse : elle lui paraît, et c'est tout à son honneur, par trop régionale (nous dirions aujourd'hui : occidentale). Il est vrai que son siècle s'emplit de certains bruits venus d'Extrême-Orient, qu'il est l'un des premiers à percevoir, grâce à l'amitié qui le lie aux missionnaires jésuites. Or ces bruits sont de loin plus dépaysants que l'hypothétique lien de parenté entre le français et l'hébreu. Il s'agit du chinois, langue qui semble s'inscrire en faux contre tout alignement universaliste et ce, malgré les tentatives syncrétistes du père A. KIRCHER et la *Clavis Sinica* de MENZEL et de MÜLLER[7]. Aux yeux de LEIBNIZ, c'est l'existence du chinois qui prouve la caducité de l'hypothèse hébraïque. Pourtant, il est lui-même trop épris d'universalisme pour renoncer en même temps à l'idée d'une seule langue-mère, dont toutes les autres dérivent. Et puisque l'hébreu est incapable de mener au chinois comme un ancêtre à un descendant, il convient d'inverser les rôles et de promouvoir le chinois langue première et universelle. LEIBNIZ y croit pendant une bonne décennie, ce qui s'explique surtout par le fait qu'il confond langue et écriture. L'attrait que le chinois exerce sur lui n'est au fond dû qu'à son écriture idéographique, dans laquelle il croit voir une sorte d'*algèbre des pensées humaines*. Et puisque les caractères sont des signes dont on saisit la signification, même si l'on ne parvient pas à les prononcer, il faut croire que s'y dévoile une entité supérieure et antérieure à la différence des idiomes. Cette entité est pour LEIBNIZ la pensée humaine, qu'il voit comme un ensemble de concepts, identiques chez tous les hommes, mais exprimés différemment selon les idiomes qu'ils parlent. A ce propos, il est utile de rappeler que son siècle fut aussi celui de la réflexion cartésienne sur le langage et que celle-ci, puissamment épaulée par le courant janséniste, aboutit à la *Grammaire générale et raisonnée* de Port-Royal.

On en est là lorsque paraît en 1710 la *Brevis designatio*, sorte d'ethnologie comparée avant la lettre, basée comme souvent chez LEIBNIZ sur une érudition tentaculaire où le meilleur côtoie le moins bon. L'auteur est alors âgé de soixante-quatre ans, ce qui indique qu'il ne signe pas en l'occurrence un écrit

---

6 L'article *Langue* de l'*Encyclopédie* tiendra encore l'hébreu pour la langue-mère; c'est-à-dire l'ascendant de l'hypothèse, même chez ceux pour qui la Bible n'est plus parole d'évangile.

7 Pour les détails du "grand dessein" de LEIBNIZ concernant la Chine et le chinois, voir ETIEMBLE (1988, 370-395).

de jeunesse. Certes, les matériaux qui servent à illustrer le propos ont pu s'accumuler durant les décennies précédentes, mais les principes qu'ils étayent reflètent une position mûrement réfléchie qui a atteint son terme. Les indices (et surtout les conjectures) linguistiques ne visent d'ailleurs pas à mettre en évidence quelque loi générale sur l'origine des langues. L'idéal de LEIBNIZ est de pouvoir dresser, à l'aide de ces matériaux, un arbre généalogique des races, dont les racines plongent dans le terreau biblique. Pour y arriver, il a recours à des "preuves", dont l'intérêt n'est pas aujourd'hui de savoir si elles sont convaincantes ou non (la plupart ne le sont pas), mais de chercher quelles hypothèses linguistiques implicites elles sont censées servir. Pour ne prendre qu'un exemple, et qui nous rappelle curieusement le malentendu de COLOMB sur le "Grand Khan", voyons comment il invente un rapport sémantique entre le verbe allemand *können* et l'appellation régalienne *Khan*, telle qu'elle est rapportée d'Orient. "Tel est aussi le vocable *kan* qui s'applique aux puissants, aux notables, aux rois. De fait, *kan, können* signifie "pouvoir" et *King, König*, "roi"; or *Chaganus* ou *Kan* veulent dire "chef" pour les Sarmates, les Huns, les Perses, les Turcs, les Tartares et les Chinois. En effet, dans la prononciation de la lettre initiale K, nous percevons spontanément que s'exerce une force assez considérable du fait que l'air passe à travers un obstacle. Chaque fois donc que l'on rencontre une sonorité identique ou légèrement modifiée, qui soit commune aux Bretons, aux Germains, aux Latins, aux Grecs, aux Sarmates, aux Finnois, aux Tartares, aux Arabes, on est en présence d'une trace de langue ancienne commune"[8]. L'auteur suit à peu près le même raisonnement pour établir un rapport sémantique entre le suffixe germanique *-ric*, présent dans beaucoup de noms propres, et une racine celto-scythe, dont il dérive les formes *rev, rige, regula, regere, rex, reiffen, reissen* "et beaucoup d'autres mots qui se rapportent à un allongement et à une ligne droite qui se forment lorsque l'on tend un fil." On a peine à croire que c'est le même auteur qui, dans les *Nouveaux essais sur l'entendement humain*, avait pris ses distances d'avec l'Anversois GOROPIUS BECANUS, lequel avait acquis une certaine notoriété en essayant de prouver à coups d'étymologies farfelues qu'au paradis terrestre, Adam et Eve parlaient le flamand. "L'on ne doit donner aucune créance aux étymologies, expliquait LEIBNIZ, que lorsqu'il y a quantités d'indices concourants. Autrement, on risque de goropiser", néologisme qu'il employait en indiquant que le terme dénotait désormais le mauvais exemple de GOROPIUS, devenu proverbial[9]. On est donc en droit de poser la question : dans les exemples qu'on vient de citer, LEIBNIZ fait-il autre chose que "goropiser" ? Ecartons d'abord un procès d'intention facile. Le polyglotte LEIBNIZ se rend parfaitement compte que les langues de son époque sont caractérisées par ce que nous appelons aujourd'hui l'arbitraire. Mais il définit celui-ci comme

---

8 Le titre de l'original est *Brevis designatio meditationum de originibus gentium ductis potissimum ex indicio linguarum,* Berlin 1710. Il en existe une traduction française, basée sur l'édition Dutens (Genève, 1768) et publiée par JACOB (1973, 46-62). C'est celle-ci que nous citons.

9 Nous citons les *Nouveaux essais sur l'entendement humain* d'après l'édition des "Meilleurs auteurs classiques", Paris 1908. L'expression *goropiser* s'y trouve à la page 233.

relevant de la volonté humaine et donc comme opposé à la nature. Les langues actuelles, pense-t-il, sont *ex instituto* et non *e natura*. S'il y avait une connexion naturelle entre les sons articulés et les idées, "il n'y aurait qu'une seule langue parmi les hommes". La pluralité des langues que doit affronter le polyglotte est pour lui la preuve qu'un même concept peut être exprimé par autant de mots différents qu'il y a de langues. Pourquoi alors ces rapprochements curieux entre *Khan* et *können*, avec des explications qui suggèrent un lien naturel entre les phénomènes et le significations ? Parce que LEIBNIZ ne s'intéresse pas tellement à une hypothétique base universelle des idiomes de son époque, mais à leur origine commune, unique et universelle. Et comme beaucoup d'érudits avant lui (et même longtemps après lui, pour ne pas dire : jusqu'à nos jours), il est convaincu de l'origine *e natura* du langage comme aptitude proprement humaine. Ce qui remplit d'aise un esprit universaliste comme le sien, c'est de pouvoir ramener la proliférante diversité concrète des langues à une origine commune. Cela lui permet en même temps, et c'est un autre avantage appréciable, de faire coïncider deux concepts que la future linguistique tiendra à maintenir distincts : le **langage** comme faculté humaine qui mérite d'être qualifié d'universel et les **langues** particulières qui sont des systèmes concrets, pris dans des déterminismes historiques, culturels, sociaux et autres, et qui sont comme telles marquées d'une irréductible différence. Mais d'où vient cette différence que le polyglotte doit affronter ? Elle est pour LEIBNIZ la conséquence d'une lente mais implacable dégénérescence. Au commencement était donc l'âge d'or de la langue unique. Mais "généralement, l'écoulement du temps et la multitude des déplacements humains ont transformé et obscurci les significations anciennes et originelles (...). Dès lors, on peut aisément comprendre que beaucoup de mots spécifiques ont été formés au cours des siècles par des peuples divers, particulièrement à l'époque où l'inculte barbarie possédait plus de passion que de raison et que son émotion éclatait en sons, sans ordre, au fil du hasard; qu'il y a eu diversification, conformément aux dispositions de l'âme et aux organes même de la parole dont toutes les nations ne disposent pas avec une égale aisance."[10] Dans ce paragraphe, trois points au moins méritent qu'on s'y attarde, ne fût-ce que pour indiquer comment la linguistique moderne, et le comparatisme qui l'a préparée, se trouvent souvent aux antipodes des convictions leibniziennes. D'abord l'hypothèse de la "diversification" à partir d'une langue unique. Ce remplacement de l'un par le multiple, visiblement, ne plaît pas à l'universaliste. La preuve qu'à son avis, les choses ne sont pas allées en s'améliorant, c'est qu'il y a eu *obscurcissement* : c'est bien la pire chose qu'on puisse accorder à une langue au début du XVIIIe, siècle des Lumières. La comparaison des langues servira donc à *éclaircir* ce qui par "l'écoulement du temps" est devenu obscur, de remonter à travers la confusion de la diversité vers la clarté et la pureté de la langue originaire. Notons que l'auteur voit déjà cette évolution comme une tendance inexorable de l'histoire, idée qui fera son chemin au siècle suivant, lorsqu'elle aura reçu la caution philosophique de HEGEL, puis de MARX, et qu'on tendra à prouver, sans jamais y parvenir, que toutes les langues, comme toutes les sociétés, sont

---

[10] G.W. LEIBNIZ, *op.cit.*, dans JACOB (1973, 47).

pour ainsi dire "condamnées" à parcourir dans l'ordre les mêmes étapes évolutives[11]. Une deuxième phrase à épingler est celle où la raison est opposée à la passion, celle-ci étant vue comme une alliée de la dégénérescence, celle-là, comme la trace de la pureté originaire et le moyen le plus sûr pour y retourner. LEIBNIZ se montre ici fidèle adepte de la *Grammaire générale et raisonnée* de Port-Royal, puisqu'il estime lui aussi que les mots n'ont été inventés que pour exprimer les pensées des hommes et qu'il suffit de bien connaître ces pensées dans leurs rapports réciproques (autrement dit, suivant les règles d'une logique considérée comme universelle) pour savoir quelle est cette langue universelle qui se cache sous les scories des passions humaines. Relevons enfin cette indication discriminatoire, un peu surprenante chez un penseur tolérant et irénique comme LEIBNIZ, selon laquelle tous les peuples ne possèdent pas une "égale aisance" dans les dispositions de l'âme (s'agit-il encore des pensées ?) ou dans la maîtrise des organes même de la parole. Le contexte suggère que c'est là aussi une des causes de l'effritement des langues. Deux siècles après la découverte du Nouveau Monde et les mésaventures linguistiques de Colomb, chez un des penseurs les plus cosmopolites et les plus ouverts de l'Occident, nous retrouvons donc cette idée vieille comme le monde, disant que si les langues se diversifient et se détériorent, c'est aussi la faute de ceux qui parlent mal, les "barbares incultes" qui ne savent pas encore (ou ne savent plus ?) se conduire et s'exprimer selon la raison. C'est à l'évidence la marque d'une résistance, inconsciente mais réelle, à la relativité culturelle et linguistique. Elle fait partie des forces qui freineront encore longtemps les élans centrifuges, auxquels nous devons la lente émergence de la relativité.

6. COMPAREZ, IL EN RESTERA TOUJOURS QUELQUE CHOSE !

Nous avons vu, à travers l'exemple de LEIBNIZ, que la contemplation de la diversité n'assure pas à elle seule l'accès à la comparaison féconde. Savoir que la terre est ronde ne guérit pas de l'illusion qu'on en occupe le centre. Apprendre qu'aux antipodes vivent des humains constitués comme nous ne prémunit pas contre la tentation de les reléguer dans des réserves périphériques ou marginales. Il faut pour cela que s'impose une relativité basée sur la réciprocité des regards, qu'en observant on se sache à son tour observé, qu'en comparant on se découvre en même temps objet de comparaison. Depuis LEIBNIZ, bientôt trois siècles d'avancées et d'échecs ont permis au relativisme de s'insinuer dans l'étude comparative des cultures et des langues. Mais la longue route serpente entre deux pôles d'attraction contradictoires :

---

[11] L'histoire des idées nous réserve parfois des surprises : des voix se lèvent aujourd'hui pour condamner la "planétarisation culturelle", autre prétendue tendance inexorable de l'histoire, mais qui irait cette fois en sens inverse, puisque l'âge d'or (qui serait derrière nous) est fait d'une grande diversité culturelle et langagière et la menace (qui pointerait à l'horizon) est celle d'une culture unique et universelle. N'est-il pas piquant de constater que d'aucuns ne l'ont vue arriver que depuis que les Chinois apprécient le Coca-Cola et les Soviétiques, les MacDonald's ?

d'une part la "règle d'HERODOTE" qui commande un ethnocentrisme étroit (je dois privilégier les miens aux dépens des voisins), d'autre part la "règle d'HOMERE" qui incite à l'exotisme (c'est le pays le plus éloigné qui est le plus beau)[12]. La première veut qu'on se prenne soi-même comme mesure de toutes choses et, s'agissant de la comparaison, comme norme, révélateur ou pierre de touche. La méthode a démontré son inefficacité en linguistique : à vouloir prendre son propre système comme norme de la comparaison, on est immanquablement conduit à constater dans le système voisin des manques, des lacunes, des ratés (comment peut-on bien s'exprimer quand on ne fait pas, comme en chinois, la distinction entre noms et verbes ?) et d'autre part, des catégories "inutiles", des marques "excédentaires" (à quoi peuvent bien servir un duel et un triel quand on a déjà distingué entre singulier et pluriel ?). Mais la règle d'HOMERE a également son revers. A vouloir s'en remettre exclusivement à la norme étrangère, on risque de l'ériger en système idéal et, chemin faisant, à le considérer comme l'approximation la plus réussie de la "langue universelle". C'est cette attirance exotique qui séduisit LEIBNIZ dans le chinois tel qu'il se le représentait. C'est d'ailleurs la même attirance qu'exercera la Chine (plus précisément son régime politique et sa civilisation tels qu'on se les représentera), sur les Lumières, à commencer par VOLTAIRE. C'est entre autres cet aiguillon de l'exotisme, une fois de plus tourné vers l'Orient, qui favorisera la découverte du sanskrit et imprimera certaines "orientations" à la grammaire comparée, chez un Friedrich von SCHLEGEL par exemple, dans son traité sur la langue et la sagesse des Hindous[13].

Parmi les découvertes curieuses, à première vue marginales mais tout de même significatives pour notre propos, qui nous furent révélées par cette grammaire, il y a l'histoire de la dénomination du concept "misère" dans les langues germaniques. En effet, les formes actuelles couvrant ce concept (*Elend* en allemand, *ellende* en néerlandais) remontent à une forme commune, composée de *el(i)* et de *lent(i)*, qui signifient littéralement "autre pays". Pour les Germains, apparemment, la misère, ce fut à l'origine ne pas être chez soi. Mais on peut sans risque de se tromper généraliser cette équation ethnocentrique pour l'appliquer à l'ensemble des nations qui peuplent la planète. C'est ainsi que dans les langues romanes, le mot désignant l'étranger qu'on accueille chez soi, l'*hôte*, a comme ancêtre latin une forme qui signifie l'ennemi (*hostis*). Et le mot *étranger* dérive du latin *extraneus* qui qualifie ce(lui) qui se trouve "en dehors" ou "au dehors", c'est-à-dire ailleurs que chez moi (le chez-soi du locuteur); ce même mot latin donne d'ailleurs, selon une première attestation vers 1100, l'adjectif français *estrange* (l'actuel *étrange*) dont la signification la plus ancienne est "incompréhensible". Non pas qu'on puisse reprocher à ces

---

[12] TODOROV (1989) pour la règle d'HERODOTE, voir p. 200 sv., pour celle d'HOMERE, p. 297-298.

[13] F. von SCHLEGEL : *Über die Sprache und Weisheit der Indier*, Gesamtwerke, tome 8, Vienne 1846. A la même époque, l'attrait de l'Inde est (si possible) encore plus prononcé chez le Suisse A. PICTET, qui fut probablement initié au sanskrit par les von SCHLEGEL. C'est lui qui inspira à F. BOPP l'intégration de la branche celtique dans ses travaux de grammaire comparée.

peuples d'être casaniers. Au contraire, ils voyagent, ils migrent, il conquièrent. C'est "la multitude des déplacements humains" dont parle LEIBNIZ. Mais ils le font toujours pour transformer l'ailleurs en chez-soi, pour introduire chez l'autre ses références et ses valeurs à soi, pour lui imposer une façon de s'exprimer qui ne soit plus *estrange*, mais compréhensible. Que malgré cet ethnocentrisme invétéré, l'humanité soit arrivée à élaborer patiemment un comparatisme basé sur ce que nous avons appelé une "réciprocité des regards", est suffisamment important pour qu'on en prenne connaissance et conscience. La victoire du relatif sur l'absolu est aussi suffisamment précieuse pour la linguistique moderne, pour qu'on la mette à l'abri des tentations et des rechutes.

REFERENCES BIBLIOGRAPHIQUES

CHALIAND, G. - RAGEAU, J.P. 1983, *Atlas stratégique géopolitique des rapports de force dans le monde*, Paris.

ETIEMBLE, R. 1988, *L'Europe chinoise; de l'Empire romain à Leibniz*, Paris.

JACOB, A. 1973, *Genèse de la pensée linguistique*, Paris.

JUCQUOIS, G. 1989, *Le Comparatisme, I : Généalogie d'une méthode*, Louvain-la-Neuve.

NEEDHAM, J. 1973, *La Science chinoise et l'Occident*, Paris.

TEMPLE, R.K.G. 1987, *Quand la Chine nous précédait*, Paris.

TODOROV, T. 1982, *La Conquête de l'Amérique; La question de l'autre*, Paris.

TODOROV, T. 1989, *Nous et les autres; La réflexion française sur la diversité humaine*, Paris.

Adresse de l'auteur :

Place Blaise Pascal 1
B-1348 Louvain-la-Neuve

III. THÈMES COMPARATISTES

Lucy

L'ÉVOLUTION DU CONCEPT D'ENCÉPHALISATION CHEZ LES VERTÉBRÉS

Emmanuel GILISSEN

Université de Zürich

Avant-Propos

L'histoire des recherches concernant l'encéphale chez les vertébrés nous situe au coeur de la démarche comparatiste à la fois par l'importance qui fut et est encore accordée à ce thème en anatomie comparée et par le paradoxe qui en ressort. En effet, les recherches sur l'encéphalisation ont progressivement conduit à l'émergence du concept de *relation allométrique* qui constitue un type d'approche fondamental en biologie et qui renouvelle l'anatomie comparée. Elle permet de mettre en évidence, pour quelque caractère biologique que ce soit, les modifications qui reflètent une réelle réorganisation du programme de croissance. Faut-il alors actuellement définir l'encéphalisation chez les vertébrés uniquement en termes d'allométrie? Nous verrons que suivant le type d'analyse envisagé, l'approche allométrique pose divers problèmes et que la prise en considération d'aspects de la réalité biologique selon d'autres approches laisse encore largement ouvert le débat sur les liens de l'encéphale avec le reste de l'organisme. On est donc obligé, pour comprendre le concept même d'encéphalisation, de resituer dans leur déroulement historique les méthodes utilisées pour l'appréhender. Ceci nous révèle essentiellement que les simples approches basées sur la comparaison de relations pondérales ou volumétriques ne nous permettent certainement pas d'accéder au coeur du problème mais qu'une réelle compréhension de l'encéphalisation passe nécessairement par l'étude des caractéristiques reproductives et bio-énergétiques de l'organisme envisagé, mettant alors l'accent sur les *modalités* de l'encéphalisation.

0. INTRODUCTION

Nous nous proposons de montrer comment le problème de l'encéphalisation chez les vertébrés est un cas particulier du problème plus général des proportions des organes constitutifs d'un être vivant. Une telle étude implique une réflexion approfondie sur des paramètres biologiques tels que le poids, la forme, la taille. L'anatomie comparée étant une science déjà riche d'un passé vénérable et ses méthodes étant depuis longtemps solidement établies, il pourrait sembler inutile de vouloir revenir sur de tels paramètres, en apparence élémentaires.

Nous nous proposons toutefois ici d'y réfléchir au moyen de ce qu'il est convenu d'appeler "non-linear scaling to body size" ou "allometric scaling" (HUXLEY - TEISSIER, 1936; REEVE - HUXLEY, 1945; MARTIN, 1989), ce que nous traduirons par "relation d'allométrie" (TEISSIER, 1948). Il s'agit d'une approche qui permet de mettre en évidence, chez différentes espèces animales ou végétales, les modifications biologiques dues à une simple variation de taille corporelle, sans changements profonds du programme de croissance, et celles qui reflètent une réelle réorganisation de ce programme (MARTIN, 1989). Nous comprendrons ainsi mieux, à partir du problème de l'encéphalisation, comment l'étude de paramètres biologiques en apparence fort simples peut nous mener à des réflexions approfondies sur les rapports de parenté entre espèces.

D'emblée cependant, l'expression "non-linear scaling to body size" pose le problème de la variable de référence. La relation d'allométrie permet de caractériser le rapport existant entre deux variables quelconques mais choisies en fonction d'un lien biologique. Toutefois, si l'on désire étudier la taille relative d'un organe, le poids du corps semble s'imposer comme référence. De plus, sans entrer dans l'énumération des problèmes qui se posent si l'on tente de travailler avec une autre variable, nous verrons un peu plus loin que ce genre de travaux a pris naissance grâce à la question de l'intelligence humaine et donc de l'importance de l'encéphale. Or, il nous faut savoir que, d'une certaine manière, ce dernier est une "image" du corps tout entier. Des études expérimentales ont en effet permis de localiser dans les circonvolutions du cerveau les régions correspondant à chaque partie du corps et constituant le siège des fonctions de relation avec le milieu ambiant, lesquelles sont étroitement liées aux fonctions de nutrition et de reproduction. Rappelons que le terme *encéphale* désigne la totalité des centres nerveux contenus dans le crâne; tandis que celui de "cerveau", plus imprécis, se rapporte à la partie antérieure de l'encéphale (principalement les hémisphères cérébraux) par opposition au cervelet et au tronc cérébral. Ainsi, le poids ou le volume de l'encéphale peut être considéré, en première instance du moins, comme l'image du corps qu'il innerve, image gérée par l'importance plus ou moins grande de l'innervation des différents organes constituant ce corps. De plus, l'augmentation du poids encéphalique reflète une multiplication des liaisons nerveuses ou du nombre de neurones (cellules nerveuses), elle exprime donc également la qualité de l'encéphale. Ainsi, considérer l'encéphale comme image du corps entier a permis de choisir le poids du corps comme variable de référence (BAUCHOT - PLATEL, 1973).

1. APERÇU HISTORIQUE

Ce type d'étude a donc commencé vers la fin du siècle dernier avec la question de l'intelligence humaine. A cette époque, la révolution darwinienne avait profondément modifié les idées de la biologie. *Homo sapiens* était devenu une espèce animale partageant son ancêtre avec les singes peuplant les forêts équatoriales et révélant de nombreux caractères morphologiques primitifs, comme par exemple le membre pentadactyle ou la démarche plantigrade (BAUCHOT-PLATEL, 1973). De fait, le corps de l'homme est morphologiquement assez peu dérivé, seul son encéphale a connu un développement sans précédent et c'est à ce dernier qu'est associée l'intelligence qui nous confère notre redoutable suprématie sur les autres espèces. Aussi, les anthropologues se mirent à étudier l'intelligence par des mesures sur l'encéphale afin d'en traduire le degré par des chiffres (BAUCHOT, 1972).

Au sein du groupe des primates, c'est chez l'homme que l'on trouve le poids encéphalique le plus élevé, que ce soit en valeur absolue ou par rapport au poids du corps, c'est-à-dire en valeur relative. C'est cependant cette dernière valeur qu'il faut prendre en considération si l'on veut mettre en évidence l'importance du cerveau humain, car si l'on compare l'homme à l'éléphant ou aux grands cétacés, c'est bien sûr eux qui, en valeur absolue, possèdent le poids encéphalique le plus élevé. De la même manière, toujours au sein des primates, nous pouvons observer que c'est le gorille qui, après l'homme, possède le cerveau le plus volumineux, mais, par rapport au reste de son corps, son cerveau n'occupe qu'une place restreinte, inférieure à celle que l'on observe chez bien d'autres primates. La taille absolue du cerveau du gorille est donc importante, alors que sa taille relative est faible. Inversement, le singe qui, après l'homme, possède la taille encéphalique relative la plus élevée, est le *Cebus* sp., ou singe capucin, qui habite les forêts tropicales d'Amérique du Sud (MARTIN, 1990). Ces exemples nous montrent que la relation pondérale entre l'encéphale et le corps n'est pas de nature linéaire (BAUCHOT - PLATEL, 1973).

Plusieurs savants ont donc travaillé, à la fin du 19e siècle, à déterminer la relation qui lie le poids de l'encéphale à celui du corps. En 1885, un anthropologue français, MANOUVRIER, défendit l'idée selon laquelle le poids de l'encéphale est déterminé par deux composants : l'un lié au poids de l'animal et l'autre à son "niveau d'intelligence". Pour MANOUVRIER, si l'on admet que le chat et le tigre se situent au même niveau d'intelligence, la différence de poids encéphalique observée entre ces deux félins est liée au poids du corps. On peut donc écrire :

$$Pe = m \cdot Ps + i,$$

Pe étant le poids de l'encéphale, *m* un facteur de proportionnalité, *Ps* le poids du corps et *i* la quantité d'encéphale liée à un niveau psychique déterminé, quelle que soit la taille de l'animal. Cette formulation, qui exige de travailler en comparant des paires d'animaux, est erronée, car si l'on calcule i pour une espèce de taille moyenne comme le léopard en l'associant d'abord à l'un puis à l'autre des deux félins susmentionnés, ces trois espèces étant théoriquement au même niveau psychique, on trouvera pour l'espèce moyenne deux valeurs de i contradictoires (BAUCHOT - PLATEL, 1973).

En 1867, un anthropologue russe, Alexander BRANDT, a émis l'hypothèse que le poids de l'encéphale devait être proportionnel à la surface du corps et non à son poids total, car c'est par la surface corporelle que l'être vivant est en contact avec l'extérieur. Déterminer la surface corporelle peut être assez aisé sur des animaux cylindriques comme les serpents ou certains invertébrés, cela devient évidemment fort difficile sur des animaux de forme plus complexe. De ce fait, en 1892, l'allemand Otto SNELL proposa d'estimer la surface du corps par la puissance 2/3 du poids du corps. Il formula alors ainsi l'hypothèse de BRANDT :

$$Pe = k \cdot Ps^{2/3}.$$

Pour SNELL, k représentait le composant du poids encéphalique non lié au poids du corps, qu'il nomma "facteur psychique" (BAUCHOT - PLATEL, 1973). Ce ne fut toutefois qu'à partir de 1897 que l'anthropologue hollandais Eugène DUBOIS a travaillé expérimentalement avec cette formule. Il ne se contenta cependant pas de la valeur 2/3 pour l'exposant du poids du corps et chercha à déterminer cette valeur x à partir de données réelles. Pour cela, il prit deux espèces animales que l'on estimait au même niveau psychique, donc ayant le même facteur k, rebaptisé par lui "coefficient de céphalisation", et détermina x en comparant les rapports Pe/Ps pour ces deux espèces. De cette façon, DUBOIS a étudié de nombreuses paires d'espèces et a trouvé des valeurs très voisines de 0.56 au lieu de 2/3 (0.66). DUBOIS a travaillé surtout sur les mammifères et le français Louis LAPICQUE a étendu ce type de recherche aux oiseaux. Ainsi, avec la formule

$$Pe = k \cdot Ps^{0.56},$$

DUBOIS et d'autres déterminèrent le coefficient de céphalisation k pour la plupart des vertébrés et classèrent les espèces en fonction de cette valeur. Par cette méthode, l'homme vient en tête du classement. Ainsi, DUBOIS et LAPICQUE ont considéré les coefficients de céphalisation comme l'expression de degrés évolutifs et ils les ont recherchés non seulement chez les animaux actuels mais aussi chez les fossiles. Il est en effet possible d'estimer chez ces derniers le poids de l'encéphale à partir du volume endocrânien, et le poids du corps à partir du squelette. On verra plus loin que l'extension de ce type d'approche aux fossiles pose problème.

LAPICQUE découvrit cependant, par l'étude de diverses races de chiens, appartenant toutes à la même espèce *Canis familiaris*, que l'exposant du poids somatique *Ps* n'était plus dans ce cas de 0.56, mais bien d'une valeur plus faible : 0.25. LAPICQUE vérifia cela chez plusieurs espèces de mammifères et en conclut que l'exposant du poids somatique *Ps* varie selon que l'on travaille à un niveau intraspécifique ou à un niveau interspécifique. Il appela ce phénomène "loi intérieure de l'espèce" (BAUCHOT - PLATEL, 1973). Cependant, que représente alors cet exposant de 0.25 si celui de 0.56 est réellement caractéristique de l'ensemble des vertébrés ? De la même façon, que devient le coefficient de céphalisation *k* au niveau intraspécifique ? Ces questions sont restées en suspens et n'ont soulevé aucune remise en question de la théorie de DUBOIS. Ainsi, selon le résultat que l'on s'efforçait d'obtenir, on utilisait l'exposant le plus favorable. Par exemple, on se servit à l'époque de l'exposant 0.56 pour montrer que l'homme de Cro-Magnon et celui de Néanderthal avaient le même coefficient de céphalisation *k* que l'homme actuel. Or, on sait actuellement que ces trois "variétés" d'homme appartiennent à la même espèce *Homo sapiens*, c'est donc l'exposant 0.25 qu'il aurait fallu utiliser. Un exemple encore plus frappant est celui des coefficients de céphalisation de l'homme et de la femme, qui appartiennent bien entendu à la même espèce ! Dans ce cas, c'est encore l'exposant interspécifique 0.56 qui donne des coefficients de céphalisation presque égaux et non pas celui de 0.25. Pour LAPICQUE, cela devait s'expliquer par la simple distinction morphologique particulière à ce cas (BAUCHOT - PLATEL, 1973).

De tels paradoxes furent la cause d'une baisse d'intérêt pour ce type de recherches qui ne refirent surface qu'en 1937 avec l'Américain VON BONIN. Le problème était que DUBOIS, pour déterminer l'exposant du poids du corps, travaillait avec des paires d'espèces estimées de même coefficient de céphalisation, ce qui supposait en fait le problème résolu. En effet, deux espèces systématiquement proches et sans doute réellement de même coefficient de céphalisation différeront fort peu en taille et seront inutilisables pour la comparaison des rapports *Pe/Ps* . Une telle comparaison oblige donc de prendre des espèces de tailles très différentes pour lesquelles on ne peut alors plus du tout affirmer qu'elles aient le même coefficient de céphalisation. Prenons l'exemple d'une augmentation de taille au sein d'une espèce, nous devons dans ce cas nous rappeler que la surface augmente moins vite que le volume. En effet, dans une sphère, ce dernier croît avec le cube du rayon ($4/3$ πr^3), tandis que la surface ne s'étend qu'en fonction du carré du rayon (πr^2). Ainsi, le volume d'un animal va croître plus vite que sa surface et, si le poids de l'encéphale est bien lié à cette dernière, le poids encéphalique de l'animal le plus gros sera relativement moins élevé que celui de l'animal de départ. Donc, pour conserver la proportion *Pe/Ps* , le poids encéphalique de l'animal le plus gros doit être relativement plus important par rapport à sa surface corporelle et, dans ce cas, on ne peut plus affirmer que les deux animaux sont à un niveau d'évolution semblable et qu'ils ont le même coefficient de céphalisation. Ainsi, on constate que l'utilisation de la formule de SNELL, reprise par DUBOIS, et que nous pouvons généraliser par

$$Pe = k . Ps^{x},$$

ne se satisfait pas du choix arbitraire de couples de valeurs, autrement dit, on ne saurait correctement déterminer un paramètre en fixant arbitrairement l'autre (BAUCHOT - PLATEL, 1973).

2. LA RELATION D'ALLOMETRIE

Afin d'étudier simultanément l'évolution de deux ou plusieurs paramètres au cours de la croissance, D'ARCY THOMPSON (1917) avait mis au point une technique d'étude nécessitant l'inscription d'un objet donné dans un système de coordonnées cartésiennes que l'on pouvait modifier pour suivre cette évolution. Ce travail ingénieux influença grandement Julian HUXLEY, qui, avec George TEISSIER, peut être considéré comme l' "inventeur" de la relation d'allométrie.

Définissons tout de suite quelques termes. Il faut faire la différence entre deux sortes de relation d'allométrie : l'*allométrie intraspécifique* et l'*allométrie interspécifique* (GOULD, 1966). On utilise le premier type d'allométrie pour étudier les changements de proportions des organes par rapport au reste du corps au cours de l'ontogenèse et du développement d'un individu : il s'agit dans ce cas d'*allométrie de croissance* ou encore de *dysharmonie de croissance*. Si l'on travaille sur les proportions relatives des organes par rapport au reste du corps chez des individus adultes de tailles corporelles différentes, on parlera d'*allométrie* ou de *dysharmonie de taille* (MARTIN, 1989; BAUCHOT - PLATEL, 1973). Nous parlerons plus loin de l'*allométrie interspécifique*.

C'est le premier type d'allométrie qui a été à l'origine d'un progrès décisif. Ainsi, en 1932, dans son ouvrage *Problems of Relative Growth*, où seul un chapitre touche aux implications phylogénétiques de la croissance, HUXLEY avait utilisé le terme *heterogony* (d'après PEZARD, 1918). Par la suite, HUXLEY et TEISSIER (1936) ont rejeté ce terme, déjà employé pour une sorte particulière de cycle vital (MARTIN, 1989) et ont défini les termes et concepts de base de ce qu'ils ont nommé *allométrie de croissance et de taille* ou *loi de dysharmonie*.

Si l'on étudie, chez différents individus d'une même espèce, la croissance relative de deux organes X et Y, on peut traduire cette croissance par la formule :

$$y = b . x^{\alpha},$$

ou "loi d'allométrie", où y est la taille de l'organe Y et x, celle de l'organe X, considéré comme organe de référence. Cette formule peut être aisément convertie en logarithmes :

$$log\ y = log\ b + \alpha . log\ x,$$

ce qui nous donne une relation linéaire à laquelle on peut appliquer un traitement statistique simple, comme celui dit "de régression". On obtient ainsi une droite dont l'ordonnée à l'origine est log b et dont la pente α, o u "exposant allométrique", est déterminable avec précision. Si le taux de croissance de l'organe Y est supérieur à celui de l'organe X, α est supérieur à 1, il y a *allométrie positive* entre les deux organes étudiés. Si α est compris entre 0 et 1, il y a *allométrie négative*. Dans le cas de l'*isométrie*, les deux organes montrent un taux de croissance identique et α est égal à 1. Ces concepts sont également ceux de l'*allométrie interspécifique*. La figure 1 illustre ce propos.

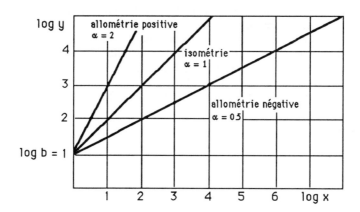

Figure 1. Adaptée de BAUCHOT - PLATEL, 1973

Pour en revenir aux problèmes d'encéphalisation, nous avons déjà fait allusion à l'éclipse qu'ils ont connue après les travaux de DUBOIS et de son école jusqu'aux recherches de l'Américain VON BONIN à partir de 1937. Ce dernier remarqua l'analogie entre la loi d'allométrie

$$y = b . x^{\alpha}$$

et la formule de SNELL

$$Pe = k . Ps^{x}.$$

Ainsi, l'étude des rapports entre le poids de l'encéphale et celui du corps entre différents individus d'une même espèce est, en fait, un cas particulier de l'*allométrie de croissance ou de taille* telles que nous les avons définies (MARTIN, 1989; BAUCHOT - PLATEL, 1973). Il faut toutefois savoir que ce type de recherche connut à nouveau un déclin temporaire après les travaux de HUXLEY et TEISSIER, peut-être parce que sa contribution à la compréhension du développement individuel au sein des espèces était assez limitée. Ce n'est que progressivement qu'on a compris l'intérêt de cette approche pour l'étude des relations phylogénétiques entre espèces différentes. Ainsi, la résurgence actuelle de la *"scaling biology"* fait une part importante aux recherches traitant des rapports interspécifiques (MARTIN, 1989).

Cependant, c'est bien dès les travaux de VON BONIN que l'on passe de l'*allométrie de croissance ou de taille* à l'*allométrie interspécifique* (BAUCHOT - PLATEL, 1973), qui consiste à étudier les espèces d'un groupe systématique plus élevé, comme une famille ou un ordre, ces espèces ayant en commun les mêmes ancêtres.

L'*allométrie interspécifique* peut donc être comprise comme l'étude des proportions relatives des organes par rapport au poids du corps sur une série d'espèces contemporaines. On peut également envisager d'appliquer cette approche à une série de formes fossiles. Une telle *allométrie évolutive ou phylogénétique* est en fait sujette à caution et est à éviter, car elle confond les changements évolutifs de la taille corporelle avec les changements évolutifs de l'organisation corporelle (MARTIN, 1980). La figure 2 illustre ce problème.

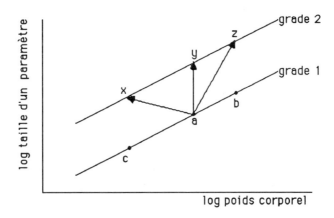

Figure 2. Cette figure illustre le problème des changements de proportions d'un paramètre par rapport au poids corporel, et l'interférence de ces changements avec les passages d'un niveau ou "grade" évolutif à l'autre. x,y,z,c,a,b représentent des individus appartenant à deux niveaux évolutifs (grade 1: c-a-b et 2: x-y-z) et caractérisés par une valeur donnée de poids corporel et de

taille du paramètre quantifié en ordonnée. Pour chacune des séries c-a-b et x-y-z, le paramètre est lié au poids corporel par la même relation allométrique, ce qui se traduit graphiquement par des droites de régression de pente semblable (exposant allométrique semblable). La différence dans l'organisation fonctionnelle de chaque grade s'exprime par le changement d'ordonnée à l'origine d'une droite à l'autre, ainsi, suivant le niveau évolutif envisagé, la relation du paramètre étudié au poids corporel s'exprime différemment. Les lignes fléchées indiquent comment, en *allométrie évolutive* impliquant un changement de niveau évolutif à travers le temps, la pente de la droite de régression (a-x, a-y ou a-z) dépend d'une combinaison de changement de "grade" et de changement de poids corporel, fournissant ainsi des indications artificielles (adapté de MARTIN, 1982).

Par ailleurs, lorsque l'on utilise la relation d'allométrie, intra- ou interspécifique, vue habituellement comme l'étude des changements de forme accompagnant les changements de taille, il faut savoir que cette distinction entre "forme" et "taille" n'est pas justifiable (MARTIN, 1989). Tout d'abord, on rencontre de nombreux cas où la relation allométrique fait intervenir non pas la forme mais bien un paramètre de tout autre ordre, par exemple physiologique, comme le métabolisme basal (voir plus loin) ou en rapport avec la reproduction, comme le temps de gestation. D'autre part, dans de nombreux cas également, le type de relation est tel que la forme change de manière régulière avec la taille corporelle. On ne peut donc séparer forme et taille. Une telle situation est celle que l'on retrouve lorsque l'on étudie l'évolution du crâne des mammifères. On observe des changements de forme globaux qui accompagnent l'augmentation de taille corporelle car les différents os du crâne deviennent relativement plus petits ou plus grands. C'est ce que l'on peut constater par exemple à propos du crâne des équidés, qui, des premiers "proto-chevaux" du début de l'ère tertiaire jusqu'au cheval moderne, acquiert une forme de plus en plus allongée. Le point essentiel en *allométrie interspécifique* est de dégager les tendances générales des rapports entre le poids corporel et différents paramètres biologiques et d'identifier les espèces qui s'éloignent de cette tendance générale. Ainsi, nous pouvons adopter la définition de GOULD (1966), qui définit de façon générale l'allométrie comme "the study of size and its consequences" (cité par MARTIN, 1989). De ce fait, lorsque l'on s'attache à étudier les tendances évolutives de diverses espèces, l'approche allométrique s'avère indispensable pour comprendre la signification des observations, étant donné l'importance de la taille corporelle dans l'organisation du vivant (MARTIN, 1989).

Cela s'illustre très bien chez les primates. La variabilité en poids corporel passe en effet de 1 à 2000 dans ce groupe si l'on va d'un extrême à l'autre. Nous trouvons, d'un côté, un des plus petits primates, *Microcebus murinus*, un prosimien (primate archaïque) d'environ 60 g, et de l'autre le gorille mâle (Gorilla gorilla), avec un poids d'environ 120 kg. Le problème qui se pose si l'on compare deux espèces de taille corporelle différente est de savoir jusqu'où ces deux espèces diffèrent en fonction de leur changement de poids corporel uniquement, et quand elles diffèrent en fonction d'un changement fondamental de leur organisation biologique. Il ne faut cependant pas oublier que la taille corporelle est soumise au même processus de sélection naturelle que les autres paramètres biologiques (MARTIN, 1989).

À ce propos, l'histoire des mammifères est significative : ce que l'on connaît des fossiles de mammifères de l'ère secondaire nous donne l'image d'animaux de taille comparable à celle d'un rat ou d'une souris. Il semble donc qu'une petite taille fut une caractéristique fondamentale de l'adaptation mammalienne durant l'ère secondaire, ce qui représente les deux-tiers de son histoire. Il faudra attendre la disparition des dinosaures et le début du tertiaire pour voir apparaître des formes de plus en plus grandes, conséquence vraisemblable de la colonisation des diverses niches écologiques laissées libres par les dinosaures.

De façon générale, on peut toutefois admettre qu'un simple changement de taille corporelle s'opérera plus facilement sous l'effet de la sélection naturelle qu'une réorganisation du système, car ce simple changement ne requiert rien d'autre qu'un arrêt ou une continuation du programme de croissance. Ceci est facilement observable chez le chien domestique, dont la taille corporelle varie, selon les races, de 1 à 35 (KIRKWOOD, 1985, mentionné par MARTIN, 1989). Il a été relativement facile de produire une telle variété par sélection artificielle, sans réorganisation du système biologique. La forme du corps change bien sûr avec les changements de poids corporel mais il ne s'agit là en fait que de phénomènes géométriques parfaitement prédictibles. Tous les chiens domestiques, quelle que soit la race, possèdent le même programme de croissance. Ainsi, pour en revenir à l'*allométrie interspécifique*, on peut suggérer que des espèces proches mais de taille corporelle différente posséderont également un programme de croissance commun et que les variations de formes corporelles entre ces espèces seront attribuables à des effets géométriques (MARTIN, 1989). Ceci a été par exemple mis en évidence pour les grands singes africains (chimpanzé et gorille) par SHEA (1981, 1985, mentionné par MARTIN, 1989). Le gorille ne serait qu'une sorte de chimpanzé qui a continué sa croissance.

Par contre, on peut supposer qu'au sein d'un même taxon, des espèces éloignées l'une de l'autre différeront non seulement en taille corporelle mais aussi dans la structure de leur programme de croissance. Ainsi, de telles espèces pourront présenter de grandes différences d'organisation, même si leur taille corporelle est identique.

Le but de l'analyse allométrique interspécifique sera donc, comme nous l'évoquions dans l'introduction, de mettre en évidence les modifications biologiques dues à une simple variation de taille, sans changements profonds du programme de croissance, à côté de celles qui reflètent une réelle réorganisation de ce programme (MARTIN, 1989).

Ce type d'approche a été utilisé dans de nombreux secteurs de la biologie et a récemment fait l'objet de quelques ouvrages fondamentaux. Par exemple, la physiologie comparée des vertébrés constitue un champ de recherche bien exploré et SCHMIDT-NIELSEN (1984) présente à ce propos quelques résultats parmi les plus significatifs. D'autres domaines de la biologie, tels que l'écologie (PETERS, 1983), l'analyse des fonctions vitales en général (CALDER, 1984) ou la morphologie évolutive des primates (JUNGERS, 1985) ont largement fait appel à la relation d'allométrie. Par ailleurs, l'ouvrage de MAC MAHON et BONNER (1983) traite des phénomènes de taille et de leurs implications aussi bien en biologie qu'en physique et dans les sciences de l'ingénieur.

3. RECENTS PROGRES DANS LA COMPREHENSION DE L'ENCEPHALISATION

VON BONIN, à partir des données de ses prédécesseurs, calcula une pente de 0.655 pour les droites de régression mettant en rapport le poids somatique et le poids encéphalique chez divers vertébrés. Il remit ainsi à l'honneur la valeur 2/3 pour l'exposant du poids du corps.

L'exploitation de données de base toujours plus nombreuses obligea toutefois à constater que l'exposant du poids du corps ou coefficient α était souvent supérieur à 2/3. Des recherches plus récentes (MARTIN, 1982) suggèrent qu'il faut revoir, à propos des mammifères, le concept élaboré par SNELL et que le poids encéphalique de ces derniers serait beaucoup plus directement lié au métabolisme basal qu'à la surface du corps. Rappelons que le métabolisme basal est la quantité d'oxygène, traduite en calories, absorbée par unité de surface et de temps par un animal adulte, à jeun, en période de sommeil, à température déterminée. En effet, lorsque l'on réalise, sur un ensemble de mammifères, des analyses statistiques du type de celles représentées sur la figure 1 en prenant le poids de l'encéphale par rapport au poids du corps, et le métabolisme basal par rapport au poids du corps, on constate que, dans les deux cas, l'exposant allométrique est considérablement plus élevé que 2/3 et avoisine les 3/4 (0.75). Il semble donc plus intéressant d'étudier les relations entre poids encéphalique et poids corporel chez les mammifères en termes de contraintes métaboliques plutôt qu'en termes de relations surfaces-volumes (MARTIN, 1982).

Toujours à la lumière de recherches récentes, on constate que les choses se présentent tout à fait différemment chez les oiseaux et les reptiles. On n'a en fait jamais avancé de preuve réelle d'une relation entre taille encéphalique et surface corporelle (exposant allométrique = 2/3) pour ces deux groupes de vertébrés. Une analyse approfondie des données disponibles révèle au contraire que l'exposant allométrique mettant en rapport la taille de l'encéphale et le poids du corps est nettement inférieur à 2/3 et avoisine 0.56 chez les oiseaux et les reptiles (MARTIN, 1982).

Ce résultat semble exclure un lien quelconque avec le métabolisme basal. Pour essayer de comprendre cela, il importe de considérer la différence entre le mode reproducteur des mammifères d'un côté et celui des oiseaux et des reptiles de l'autre. Chez les mammifères, les éléments nutritifs nécessaires au développement de l'encéphale du foetus lui sont fournis via l'utérus maternel durant la gestation. Ainsi, le poids encéphalique du nouveau-né est lié au métabolisme maternel. Durant la petite enfance, ce lien se perpétue un certain temps via la lactation. Si on admet que le poids encéphalique de l'animal devenu adulte est proportionnellement lié à celui du nouveau-né comme un simple multiple, ce poids encéphalique adulte reflétera également un lien avec le métabolisme maternel. Chez les oiseaux et les reptiles, c'est l'oeuf qui fournit à l'embryon les éléments nécessaires au développement de son cerveau. Dans ce cas, si la taille de l'oeuf est reliée au métabolisme basal de l'adulte, on aura la relation :

$$log\ O = 0.75\ log\ C + log\ k'$$

(O = poids de l'oeuf, et C = poids corporel de l'adulte)

D'autre part, si le poids encéphalique du nouveau-né sorti de l'oeuf est lié au métabolisme agissant dans ce dernier, on aura la relation :

$$log\ E = 0.75\ log\ O + log\ k''$$

(E = poids encéphalique du nouveau-né)

Ainsi, le poids encéphalique du nouveau-né sorti de l'oeuf peut être relié au poids corporel de l'adulte par la relation :

$$log\ E = (0.75\ x\ 0.75)\ log\ C + log\ k'''$$
$$= 0.563\ log\ C + log\ k'''$$

Si, comme on l'a dit plus haut, le poids encéphalique de l'animal devenu adulte est proportionnellement lié à celui du nouveau-né, on peut écrire que :

$$log\ A = 0.563\ log\ C + log\ k'''$$

(A = poids encéphalique de l'adulte)

Cette valeur 0.563 de l'exposant allométrique, déduite théoriquement, correspond aux valeurs voisines de 0.56 déterminées empiriquement, à partir des données brutes, chez les reptiles et les oiseaux. De plus, la relation théorique *log O = 0.75 log C + log k'* mettant en rapport le poids de l'oeuf et le poids corporel de l'adulte est confirmée par les travaux de HEINROTH (1930, mentionné par MARTIN, 1982), qui a travaillé avec des données recueillies chez les oiseaux et a déterminé empiriquement la relation suivante :

$$log\ O = 0.793\ log\ C + 2.338$$

Pour étayer cette théorie, il faudrait bien sûr confirmer qu'une relation semblable, entre le poids de l'oeuf et le poids corporel de l'adulte, existe ou non chez les reptiles et que le métabolisme de l'oeuf suit la relation déterminée pour le rapport entre le métabolisme basal et le poids corporel, ce qui pose des problèmes pratiques de mode opératoire. Cependant, malgré certaines critiques que nous allons exposer, on voit que des raisons théoriques fondées permettent d'admettre que l'exposant allométrique intervenant dans la relation entre poids encéphalique et poids corporel chez les mammifères est de 0.75 tandis qu'il a la valeur de 0.56 chez les oiseaux et les reptiles. Force est donc d'admettre de toute façon que l'hypothèse formulée par SNELL d'une relation directe entre poids encéphalique et surface corporelle ne peut être retenue, que ce soit chez les mammifères aussi bien que chez les reptiles ou les oiseaux, l'exposant allométrique de 2/3 ne se vérifiant dans aucun des trois groupes (MARTIN, 1982).

D'après HARVEY et PAGEL (1988) toutefois, c'est l'état à la naissance qui constitue le paramètre le plus important pour comprendre le développement de l'encéphale. Il nous faut savoir que, pendant la première période de l'ontogénèse des mammifères, le développement de l'encéphale est assez uniforme. Ce développement exige ensuite une vie abritée et dépendante de longue durée qui est assurée dans les groupes archaïques par une étape post-embryonnaire protégée par les parents (monotrèmes, marsupiaux et euthériens primitifs), et par une gestation prolongée chez les mammifères euthériens évolués. A ces deux solutions correspondent deux types d'état à la naissance : le nidicole inerte et le nidifuge actif (PORTMANN, 1972). Les nidicoles passent un temps relativement prolongé dans un nid, qui peut être une poche maternelle, comme chez le kangourou, et sont caractérisés par un état de développement assez peu avancé : leurs yeux et oreilles sont fermés, leur encéphale est encore peu développé, les poils sont encore absents, leurs capacités thermorégulatrices sont limitées, etc. De plus, ils naissent dans des portées nombreuses. A l'opposé, les nidifuges naissent habituellement seuls, sans besoin d'un nid, à un état de développement assez avancé : yeux et oreilles ouverts, encéphale développé, poils déjà présents, capacités thermorégulatrices développées. Bien qu'il y ait quelques cas intermédiaires, ces deux types d'état à la naissance sont nettement distincts. Par exemple, les primates, les artiodactyles (par ex. les ruminants), les périssodactyles (par ex. les chevaux), les cétacés (baleines et dauphins) et les éléphants se caractérisent par une progéniture nidifuge, tandis que chez les marsupiaux, les insectivores et les carnivores, celle-ci est nettement nidicole. Seuls les rongeurs et les lagomorphes (lapins, lièvres) présentent des espèces nidifuges et nidicoles (MARTIN, 1984).

Pour HARVEY et PAGEL (1988), le lien de proportionnalité simple prétendu entre le poids encéphalique de l'animal devenu adulte et celui du nouveau-né chez les oiseaux ne résiste pas à l'expérience tandis que le poids encéphalique du nouveau-né sorti de l'oeuf semble effectivement lié au métabolisme agissant dans ce dernier. Ces deux auteurs citent également BENNETT et HARVEY (1985) qui signalent deux autres difficultés soulevées par la théorie de MARTIN (1982). D'abord, cette théorie ne tiendrait pas compte du fait que les oiseaux nidicoles, naissant avec un encéphale assez peu développé, donnent en fait des adultes chez lesquels celui-ci est relativement plus grand que chez les espèces nidifuges. De plus, à certains niveaux taxonomiques, l'exposant allométrique mettant en rapport la taille de l'encéphale et le poids du corps chez les oiseaux est supérieur à 0.56, infirmant ainsi également l'hypothèse du lien de proportionnalité entre le poids encéphalique de l'adulte et celui du nouveau-né. Par ailleurs, HARVEY et PAGEL (1988) constatent que, pour une taille maternelle donnée, malgré le fait que la taille relative de l'encéphale des nouveau-nés de mammifères nidifuges soit équivalente à deux ou trois fois celle des nouveau-nés de mammifères nidicoles, ce phénomène ne s'accompagne pas d'une variation du métabolisme maternel. Ces deux auteurs préfèrent donc raisonner en termes de durée de gestation plutôt que d'évoquer le métabolisme maternel au sujet du niveau d'encéphalisation du nouveau-né. Ainsi, alors que MARTIN (1982) raisonne plutôt en termes de contraintes énergétiques, HARVEY et PAGEL (1988) posent la question de l'interprétation du niveau d'encéphalisation du nouveau-né des mammifères et des oiseaux comme tactique évolutive. Il va de soi cependant que ces deux approches sont totalement complémentaires.

REFERENCES BIBLIOGRAPHIQUES

BAUCHOT, R. 1972, "Le degré d'organisation cérébrale des mammifères", GRASSE, P.-P. éd., *Traité de Zoologie* 16(4), 360-383, Paris.

BAUCHOT, R. - PLATEL, R. 1973, "L'Encéphalisation", *La Recherche* 4(40), 1069-1077.

BENNETT, P.M. - HARVEY, P.H. 1985, "Brain Size, Development and Metabolism in Birds and Mammals", *Journal of Zoology* 207, 491-509.

BRANDT, A. 1867, "Sur le rapport du poids du cerveau à celui du corps chez différents animaux", *Bulletin de la Société Impériale des Naturalistes,* 40.

CALDER III, W.A. 1984, *Size, Function and Life History*, Harvard.

D'ARCY THOMPSON, W. 1917, *Growth and Form*, Cambridge.

DUBOIS, E. 1897, "Sur le rapport du poids de l'encéphale avec la grandeur du corps chez les mammifères", *Bulletin de la Société d'Anthropologie de Paris,* 4ème Sér., 8, 337-376.

GOULD, S.J. 1966, "Allometry and Size in Ontogeny and Phylogeny", *Biological Review* 41, 587-640.

HARVEY, P.H. - PAGEL, M.D. 1988, "The Allometric Approach to Species Differences in Brain Size: Facts and Artifacts", *Human Evolution* 3 (6), 461-472.

HEINROTH, O. 1930, "Angaben zur Fortpflanzungsbiologie der Vögel und Säugetiere", OPPENHEIMER, C. - PINCUSSEN, L.W. éds, *Tabulae Biologicae* 6, 716-741, Berlin.

HUXLEY, J.S. 1932, *Problems of Relative Growth*, New York.

HUXLEY, J.S. - TEISSIER, G. 1936, "Terminology of Relative Growth", *Nature* 137, 780-781.

JUNGERS, W.L. éd. 1985, *Size and Scaling in Primate Biology*, New York.

KIRKWOOD, J.K. 1985, "The Influence of Size on the Biology of the Dog", *Journal of Small Animal Practice* 26, 97-110.

MAC MAHON, T. - BONNER, J.T. 1983, *On Size and Life*, New York.

MARTIN, R.D. 1980, "Adaptation and Body Size in Primates", *Zeitschrift für Morphologie und Anthropologie* 71, 115-124.

MARTIN, R.D. 1982, "Allometric Approaches to the Evolution of the Primate Nervous System", ARMSTRONG, E. - FALK, D. éds, *Primate Brain Evolution: Methods and Concepts*, 39-56, New York.

MARTIN, R.D. 1984, "Scaling Effects and Adaptative Strategies in Mammalian Lactation", *Symposium of the Zoological Society of London* 51, 87-117.

MARTIN, R.D. 1989, "Size, Shape and Evolution", KEYNES, M. éd., *Evolutionary Studies. A Centenary Celebration of the Life of Julian Huxley*, 96-141, London.

MARTIN, R.D. 1990, *Primate Origins and Evolution*, London.

PETERS, R.H. 1983, *The Ecological Implications of Body Size,* Cambridge.

PEZARD, A. 1918, "Le conditionnement physiologique des caractères sexuels secondaires chez les oiseaux", *Bulletin de Biologie France Belgique* 52, 1-76.

PORTMANN, A. 1972, "La cérébralisation des mammifères", GRASSE, P.-P. éd., *Traité de Zoologie* 16(4), 385-417, Paris.

REEVE, E.C.R. - HUXLEY, J.S. 1945, "Some Problems in the Study of Allometric Growth", LE GROS CLARK, W.E. - MEDAWAR, P.B. éds, *Essays on Growth and Form*, 121-156, Oxford.

SCHMIDT - NIELSEN, K. 1984, *Scaling.Why is Animal Size so Important?*, Cambridge.

SHEA, B.T. 1981, "Relative Growth of the Limbs and Trunk of the African Apes", *American Journal of Physical Anthropology* 56, 179-202.

SHEA, B.T. 1985, "Ontogenic Allometry and Scaling: A Discussion Based on the Growth and Form of the Skull in African Apes", JUNGERS, W.L. éd., *Size and Scaling in Primate Biology*, 175-208, New York.

SNELL, O. 1892, "Die Abhängigkeit des Hirngewichtes von dem Körpergewicht und den geistigen Fähigkeiten", *Archiv für Psychiatrie*, 23.

TEISSIER, G. 1948, "La relation d'allométrie: sa signification statistique et biologique", *Biometrics* 4, 14-48.

VON BONIN, G. 1937, "Brain-weight and Body-weight of Mammals", *Journal of Genetic Psychology* 16.

Adresse de l'auteur :

Anthropologisches Institut
und Museum der Universität Zürich-Irchel
Winterthurerstrasse 190
CH-8057 Zürich
Suisse

BCILL 58 : *Le comparatisme devant le miroir*, 101-117

L'ENCÉPHALISATION CHEZ LES PRIMATES

Emmanuel GILISSEN

Université de Zürich

Avant-Propos*

Le squelette de l'homme présente une morphologie peu dérivée par rapport à celui de nombre d'autres mammifères. Parmi ceux-ci, c'est celui des Cétacés qui offre les spécialisations les plus poussées. Toutefois, le cerveau humain constitue une innovation très particulière qui se caractérise par un succès sans précédent et qui, de ce fait, semble nous placer très au-dessus ou tout au moins très à part de toutes les autres espèces.

Comprendre ce qui est à la base de la cérébralisation propre à l'homme exige de réfléchir sur les faits fondamentaux de la biologie du métabolisme et de la reproduction. Nous pouvons alors mettre en lumière certaines importantes caractéristiques qui nous enracinent dans le groupe des Primates Simiens pour ensuite mesurer l'importance du chemin parcouru. L'énergie que requiert le cerveau pour se maintenir en vie est considérable et le développement de ce dernier chez l'enfant apparaît comme intimement lié aux réserves alimentaires de la mère durant la gestation puis durant la lactation. Etudier ces phénomènes est capital à l'heure où l'homme est parvenu à créer des substituts au lait maternel.

Les difficultés que l'on rencontre lorsque l'on tente de savoir quelle était l'alimentation de nos ancêtres nous conduit à baser notre réflexion sur un maximum de données comparatives, puisées parfois chez des Primates bien éloignés de l'homme et des grands singes auxquels on fait communément appel comme points de repère pour mettre en ordre les données que l'on recueille sur les processus de l'hominisation. Ceci nous fournit l'occasion de resituer l'homme dans un cadre primatologique élargi et de mettre en lumière, chez quelques Primates, certaines caractéristiques biologiques pour lesquelles la nature a choisi des voies parallèles à la nôtre.

Dans cet article, nous emploierons le terme de *cerveau* (adjectif : *cérébral*) pour suivre un usage largement répandu. Nous renvoyons à GILISSEN, dans ce volume, pour la définition des termes "cerveau" et "encéphale".

---

* Cet article a été réalisé avec la contribution du laboratoire de Paléontologie de l'Université de Paris VI.

0. INTRODUCTION

Si les tests d'intelligence ont bien souvent servi d'arguments pour justifier certaines formes de racisme "scientifique" au 20e siècle, c'est surtout la crâniométrie qui fut utilisée à ces fins au cours du 19e siècle. De tels travaux négligeaient les changements de proportions affectant les rapports entre dimensions crâniales ou cérébrales et poids du corps chez l'homme. En effet, dans toute étude de la taille cérébrale d'une population donnée, que l'on travaille avec la capacité crânienne ou l'indice céphalique (rapport entre la longueur et la largeur du crâne), les conclusions auxquelles on peut arriver sont sans valeur si l'on ne tient pas compte du poids corporel. Ainsi, TOBIAS (1970) explique que "The differences among various racial or population groups are negligible once allowance has been made for body size" (cité par GOULD, 1975).

De telles remarques ont été émises il y a longtemps déjà à propos des vertébrés en général, ainsi GOULD (1975) signale que "CUVIER himself had commented that large vertebrates have relatively small brains". De tels animaux ont en effet de gros cerveaux en valeur absolue, car le cerveau augmente de taille avec le corps, mais il n'augmente pas aussi vite que ce dernier, ainsi, ce sont les petits vertébrés qui présentent le plus grand rapport poids du cerveau/poids du corps. Une telle relation se caractérise donc par une *allométrie négative* (Voir GILISSEN, dans ce volume, pour un exposé sur la notion d'*allométrie*). En conséquence, il est clair qu'une étude sur la cérébralisation ne peut se contenter de comparer des tailles cérébrales absolues, il faut considérer des tailles *relatives* (poids du cerveau par rapport au poids du corps) qui seules permettent de comparer le degré de cérébralisation de deux animaux en faisant abstraction de leur différence de taille corporelle.

De plus, puisque le rapport poids du cerveau/poids du corps est *allométrique* et non pas linéaire ou *isométrique* et que la valeur de ce rapport pour un animal d'une taille corporelle donnée sera donc différente de celle obtenue pour un animal d'une autre taille corporelle, il faut étudier la tendance suivie par ce rapport sur un éventail d'animaux de tailles corporelles diverses et comparer ensuite la taille cérébrale relative d'un animal donné avec cette tendance, c'est-à-dire avec la taille cérébrale attendue pour les animaux de cette taille corporelle (GOULD, 1975; MARTIN, 1983). On constate ainsi que l'homme, mais aussi d'autres Primates, sont au-dessus de cette taille cérébrale attendue.

1. LES FACTEURS DE L'ENCEPHALISATION

Nous avons parlé ailleurs (Voir GILISSEN, dans ce volume) des facteurs principaux agissant sur la taille cérébrale. Il s'agit du métabolisme basal, de l'apport énergétique (nutrition) et de l'état à la naissance (animaux nidicoles ou nidifuges).

1.1. Le métabolisme basal : le cas de Daubentonia

Les Primates présentent dans l'ensemble une bonne corrélation entre poids corporel et métabolisme basal, ils se situent en général tous au voisinage de la droite de pente 0.75 que l'on peut tracer après avoir mis en rapport ces deux variables. Le métabolisme basal de l'homme lui-même n'est pas plus élevé que celui des singes. Cependant, une fois l'effet de taille enlevé, on constate que les Primates archaïques, ou Prosimiens, largement représentés dans la faune très particulière de l'île de Madagascar, ont un métabolisme basal légèrement inférieur à celui des Simiens, ou singes véritables, occupant de vastes territoires dans les régions tropicales de l'Ancien et du Nouveau Monde (je ne parlerai pas ici de *Tarsius*, dont la position systématique est trop singulière). La figure 1 permet de visualiser ces faits.

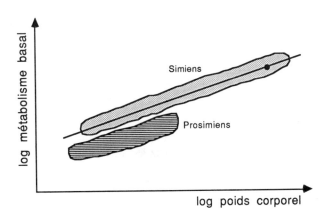

Figure 1. Cette figure présente de façon très schématique le rapport statistique existant entre le poids corporel et le métabolisme basal (logarithmes). Le nuage en pointillés figure les Simiens, celui en hachurés les Prosimiens. Les recoupements possibles entre les deux nuages ne sont pas figurés ici. La pente de la droite est de 0.75. Le point noir représente l'homme (adaptée de MARTIN, 1989).

Les Simiens sont plus encéphalisés que les Prosimiens, mais l'un de ces derniers, l'aye-aye (*Daubentonia madagascariensis*), possède un degré d'encéphalisation bien supérieur à celui des autres Prosimiens (BAUCHOT, 1982). L'aye-aye se caractérise par une adaptation spéciale à la prédation de grosses larves d'insectes présentes sous l'écorce des arbres. Il possède un appareil masticateur qui lui permet de briser cette écorce et un de ses doigts, très allongé, lui sert à déloger la larve. Il peut également s'attaquer à des noix assez dures et se nourrir de leur contenu. Dans les deux cas, il a accès à une nourriture très riche en énergie; on est donc en droit de supposer qu'une telle adaptation, en compensant le niveau relativement bas de son métabolisme, lui donne la possibilité d'acquérir suffisamment d'énergie pour développer et entretenir un cerveau important. Certains singes et l'homme sont également adaptés à une nourriture riche en énergie qui leur permet une encéphalisation remarquable, supérieure à celle des autres singes malgré le fait que leurs métabolismes basaux soient à peu près semblables. Nous reviendrons plus loin sur ce point.

1.2. L'état à la naissance : le cas de l'homme

L'ordre des Primates est caractérisé par une forte encéphalisation. Celle-ci est associée à un type de développement embryonnaire durant lequel la quantité de tissu cérébral est, par rapport au poids corporel, à tous les stades plus importante que ce qu'elle est chez les autres mammifères. Comparés à ces derniers, les Primates naissent donc en général avec de gros cerveaux. Cet état de choses est associé au fait que les Primates ont une progéniture nidifuge plutôt que nidicole (MARTIN, 1983). Jusqu'à un certain point, la très forte encéphalisation de *Homo sapiens* peut être attribuée à cet héritage primatologique. Ceci dit, le cas de l'homme présente de très intéressantes particularités qui le rendent unique. Nous les énumérerons comme suit d'après MARTIN (1983).

1. La taille du cerveau adulte est beaucoup plus élevée par rapport au poids corporel qu'elle ne l'est chez les autres Primates.

2. Le développement rapide à la fois du cerveau et du corps durant le stade embryonnaire, a pour effet une taille cérébrale et corporelle fort importante à la naissance, comparé aux grands singes (gorille, chimpanzé et orang outan).

3. Le taux élevé de croissance cérébrale postnatale prolonge pour au moins un an encore après la naissance une relation quasi "embryonnaire" entre le cerveau et l'ensemble du corps. L'homme possède donc ce que l'on peut appeler une progéniture "secondairement" nidicole.

Les points 2 et 3 exigent d'être développés pour comprendre correctement ce en quoi l'homme se singularise.

On trouve une certaine variation chez les Primates entre l'importance prise par la croissance embryonnaire du cerveau et celle prise par sa croissance postnatale. Toutefois, on observe en général une relation inverse entre les deux phénomènes, les espèces dont le cerveau présente une importante croissance embryonnaire se caractérisent par une croissance cérébrale postnatale réduite. Cette relation peut être étudiée en détail par les indices de croissance cérébrale embryonnaire et postnatale.

On peut calculer l'*indice de croissance cérébrale embryonnaire* grâce à une formule allométrique déterminée empiriquement pour caractériser la relation entre le poids du cerveau du nouveau-né et le poids corporel de l'adulte chez les Primates. Cette formule est la suivante:

$$log\ E = 0.83\ log\ C + 1.46$$
(E = poids du cerveau du nouveau-né, et C = poids corporel de l'adulte)

Elle permet de calculer la taille cérébrale "théorique" du nouveau-né pour chaque espèce à partir du poids corporel de l'adulte. Le rapport entre taille cérébrale réelle et taille cérébrale "théorique" du nouveau-né fournit ainsi une estimation du taux de croissance cérébrale embryonnaire réel d'une espèce donnée par rapport au taux moyen de l'ensemble des Primates.

On calculera l'*indice de croissance cérébrale postnatale* en divisant le poids du cerveau de l'adulte par celui du nouveau-né, la relation entre les deux valeurs étant *isométrique* (MARTIN, 1983).

Ces deux indices peuvent être mis en rapport sur un graphique pour voir comment se répartissent croissance cérébrale embryonnaire et croissance cérébrale postnatale chez les Primates. La figure 2 illustre ce rapport.

On constate donc que le rapport statistique existant entre l'indice de croissance cérébrale postnatale (Ipn) et l'indice de croissance cérébrale embryonnaire (Ie) est inversement proportionnel. En d'autres termes, les espèces caractérisées par une croissance cérébrale embryonnaire élevée présentent de façon générale une croissance cérébrale postnatale faible et inversement.

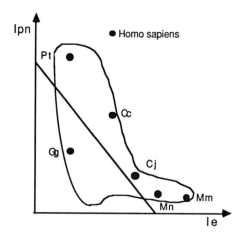

Figure 2. Cette figure présente de façon très schématique le rapport statistique existant entre l'indice de croissance cérébrale postnatale (Ipn) et l'indice de croissance cérébrale embryonnaire (Ie). Le nuage blanc figure un ensemble de Primates, aussi bien Simiens que Prosimiens. La pente de la droite est de -0.78. Le point noir représente l'homme, les autres points correspondent à Pt: *Pan troglodytes* (chimpanzé), Gg: *Gorilla gorilla* (gorille), Cc: *Cebus capucinus*, Cj: *Callithrix jacchus* (ouistiti), Mn: *Macaca nemestrina*, Mm: *Macaca mulatta* (adaptée de MARTIN, 1983).

Parmi tous les Primates, c'est l'homme qui possède la croissance cérébrale postnatale la plus importante. Par ailleurs, l'homme combine à cela une croissance cérébrale embryonnaire plus élevée qu'attendu, de ce point de vue, il n'est dépassé que par trois espèces de Primates : *Callithrix jacchus* (ouistiti), *Macaca nemestrina, Macaca mulatta* (Voir figure 2). Par contre, ces trois espèces présentent de faibles indices de croissance cérébrale postnatale. Comme le dit MARTIN (1983), à propos de l'homme : "This enhancement of postnatal brain growth is doubtless attributable largely or exclusively to the special extension of foetal brain : body relationships through the first year of postnatal life".

Malgré le fait que le nouveau-né qui se développe possède, étant donné sa petite taille, un métabolisme élevé par rapport à l'adulte pour une même quantité de tissu, le métabolisme de la mère reste beaucoup plus important que le sien. On peut donc supposer que, d'un point de vue énergétique, il est plus efficace pour la croissance cérébrale de se faire aussi longtemps que possible durant la période de gestation. La croissance cérébrale postnatale exige que le nouveau-né puise l'énergie requise dans le lait maternel, ce qui doit être moins efficient. Malgré cela, la croissance cérébrale postnatale de l'homme reste très importante, mais il est raisonnable d'admettre que c'est là une conséquence des contraintes imposées par les dimensions du bassin de la femme. Ainsi, le cerveau et le reste du corps de l'embryon humain se développent beaucoup plus vite que chez les grands singes pour une période de gestation à peine plus longue. La naissance s'effectue lorsque sont atteintes les limites de développement imposées par les dimensions du bassin maternel. La croissance cérébrale postnatale fondée sur une prolongation des relations de type embryonnaire entre le cerveau et le reste du corps durant la première année après la naissance constitue donc une stratégie visant à contourner les contraintes imposées à la taille cérébrale du nouveau-né par le bassin maternel (MARTIN, 1983).

On peut observer le phénomène inverse chez un autre mammifère fortement encéphalisé mais dont le bassin, rudimentaire, ne paraît pas susceptible d'imposer des limites à la taille cérébrale du nouveau-né. *Tursiops truncatus*, cétacé odontocète (à dents) proche du dauphin commun, a un poids corporel adulte d'environ 155 kg et une période de gestation d'environ 11 mois. Le nouveau-né pèse 20 kg avec un cerveau de 770 g, qui atteindra 1600 g à l'âge adulte (SACHER - STAFFELDT, 1974, mentionné par MARTIN, 1983). Pour un animal nidifuge, c'est là une croissance cérébrale postnatale relativement faible, tandis que la taille cérébrale à la naissance est beaucoup plus grande que ce à quoi l'on pourrait s'attendre. Ainsi, en l'absence de contraintes dues aux dimensions du bassin maternel, c'est la croissance cérébrale embryonnaire plutôt que postnatale qui permet à *Tursiops truncatus* d'atteindre une forte taille cérébrale à l'âge adulte. On peut donc raisonnablement penser que chez l'homme, les contraintes dues au bassin maternel exigent une croissance cérébrale postnatale élevée, faisant ainsi de l'homme un "nidicole" secondaire (JORDAAN, 1976; GOULD, 1977; LEUTENEGGER, 1982, mentionnés par MARTIN, 1983). Ce caractère nous rend unique parmi les mammifères et appelle à réfléchir sur la lactation, qui assure de façon essentielle la croissance cérébrale postnatale chez l'homme. Il a été montré que le lait maternel diffère beaucoup du lait de la vache, autre animal nidifuge mais dont le nouveau-né connaît une croissance cérébrale postnatale ordinaire (GAULL, 1979; GAULL et al. 1982, mentionnés par MARTIN, 1983). La fabrication de laits de substitution au lait maternel doit donc tenir compte des résultats concernant l'étude des relations entre le lait maternel et le développement du cerveau. De telles études demandent encore des compléments pour arriver à des résultats parfaitement concluants (MARTIN, 1983).

2. QUELS SINGES ONT LES PLUS GROS CERVEAUX ?

Lorsque l'on étudie la taille relative du cerveau chez les Primates, l'espèce humaine s'écarte fort des autres, et parmi les singes proprement dits, ceux qui, de ce point de vue, se rapprochent le plus de l'homme sont en fait un petit singe africain, le talapoin (*Cercopithecus talapoin*) et surtout le singe capucin (*Cebus* sp.) habitant les forêts tropicales d'Amérique du Sud (BAUCHOT, 1982; MARTIN, 1990). Ces deux animaux retiendront spécialement notre attention.

A propos du talapoin, nous ferons seulement appel à un changement de proportions évolutif. Par contre, certains Primates comme *Ateles* et *Alouatta*, par le contraste qu'ils présentent tant dans leur cérébralisation que dans leur alimentation, nous permettent d'orienter différemment notre réflexion. Le régime alimentaire, comme on l'a vu à propos de l'aye-aye, peut en effet avoir des répercussions essentielles sur le degré d'encéphalisation. Celui du talapoin ne diffère pas sensiblement de ceux de nombre d'autres singes africains qui lui sont apparentés; comme chez les cercopithèques et chez le chimpanzé, il fait une large part aux fruits (BAUCHOT-STEPHAN, 1969). Nous analyserons à ce propos plus longuement le cas particulièrement instructif de *Cebus*.

2.1. Le singe talapoin et la miniaturisation

BAUCHOT et STEPHAN (1969) proposent une explication ingénieuse pour rendre compte du degré d'encéphalisation important du talapoin : "Nous introduisons ici le terme de miniaturisation, pour rendre compte de la tendance évolutive, relativement rare, par laquelle une lignée diminue de taille dans son adaptation à un mode de vie particulier. A la suite de cette évolution, l'encéphale apparaît avec une taille relative accrue, non seulement en pourcentage du poids corporel, mais également dans les relations allométriques interspécifiques. Il est probable que, dans ce cas de miniaturisation, l'encéphale diminue de volume en suivant le coefficient de régression *intraspécifique*, voisin de 0.23. Cette régression a été étudiée chez les formes naines du chien domestique; sans doute s'applique-t-elle également aux espèces naines, comme le talapoin". Si l'on calcule leur degré d'encéphalisation, "ces formes miniaturisées apparaissent ... aussi favorisées que le sont les juvéniles d'une espèce quand on les compare aux adultes". Pour ces deux auteurs, on ne saurait tirer argument du degré d'encéphalisation "pour en déduire que ces espèces ont atteint un niveau d'évolution encéphalique supérieur". On ne peut donc rien dire de précis sur le degré d'encéphalisation élevé du singe talapoin. De plus, "Il est possible qu'un phénomène analogue se soit également produit dans le genre *Cebus*, lui aussi fortement encéphalisé". La figure 3 illustre ce phénomène.

STEPHAN (1972) propose une explication du même type pour *Daubentonia*. Le problème est que nous ne connaissons en fait pas l'ancêtre de ce primate, ni celui du talapoin, par ailleurs cette hypothèse est fondée sur un traitement statistique qui demande plus d'investigation pour être rigoureusement compris (PAGEL-HARVEY, 1988), enfin, si un phénomène de miniaturisation conduit à un haut degré d'encéphalisation, le phénomène inverse, si on peut l'observer, devrait nous montrer des Primates peu encéphalisés. On suppose ainsi que le gorille est un de ces "géants" (GOULD, 1975), issu d'un singe, par exemple une sorte de chimpanzé, chez qui les modalités de l'évolution auraient progressivement fait continuer la croissance (voir références dans GILISSEN, ce volume).

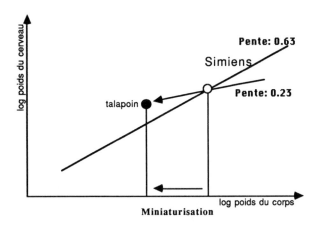

Figure 3. Cette figure représente le "schéma hypothétique de la miniaturisation de *Cercopithecus talapoin*. A partir d'une espèce de niveau d'encéphalisation normal (point blanc), l'évolution intraspécifique (pente de la droite de régression 0.23) conduit à une espèce (point noir) plus encéphalisée que les espèces voisines de même taille corporelle". On pensait en 1969 que la pente de la droite de régression interspécifique tracée pour les Simiens était de 0.63, on sait maintenant qu'elle est plus élevée et atteint 0.75, ce qui ne change toutefois rien au raisonnement exposé (adaptée de BAUCHOT-STEPHAN, 1969).

GOULD (1975) propose également d'interpréter *Alouatta* comme un cas de gigantisme évolutif. Ce singe vit dans les forêts tropicales d'Amérique du Sud et présente en effet un faible degré d'encéphalisation. Pourtant, un singe de poids comparable, *Ateles*, se caractérise au contraire par un degré d'encéphalisation élevé. Le modèle de la miniaturisation ou de la gigantisation, même s'il s'avère plausible dans certains cas, ne semble donc certainement pas recouvrir toute la réalité des faits.

2.2. Atèle, Alouatte et le régime alimentaire

Dans le cas du couple *Ateles-Alouatta*, une approche intéressante est d'évoquer leur régime alimentaire et de là, toute l'écologie de l'animal (FLEAGLE-MITTERMEIER, 1980). Il n'existe pas chez les singes sud-américains d'espèces entièrement frugivores ou entièrement folivores, *Alouatta* est toutefois très nettement plus consommateur de feuilles qu'*Ateles*. Or, les feuilles sont un aliment moins énergétique que les fruits, de plus, elles contiennent en général des toxines. On peut schématiser brièvement cet état de choses en disant qu'un arbre ne fabrique pas de feuilles pour servir d'alimentation aux animaux, ce qui n'est pas le cas des fruits. Ces derniers contiennent des graines et, pour autant qu'ils soient charnus, constituent un aliment de choix, facilement digestible pour les animaux qui s'en nourriront et qui, leur digestion une fois achevée, s'en iront semer plus loin les graines ainsi absorbées. Donc, plus le fruit est nourrissant, plus il est énergétique, plus l'animal pourra aller en déposer loin les graines, favorisant ainsi la colonisation de l'espace disponible par la plante. Un singe essentiellement frugivore, comme *Ateles*, disposera de ce fait d'une plus grande source d'énergie et cela lui permettra de mieux développer son cerveau.

Il va de soi que l'écologie de l'animal variera suivant la nature de son régime alimentaire. Les fruits étant moins abondants sur les arbres que les feuilles, un singe très frugivore comme *Ateles* devra fréquenter de nombreux arbres et aura donc un territoire vital plus étendu que celui d'*Alouatta*. Les groupes seront également moins nombreux et plus dispersés car un même arbre nourrira moins d'individus si ces derniers ne s'intéressent pratiquement qu'aux fruits. Etendue du territoire vital et dispersion des individus en petits groupes laisse, comme on pouvait le deviner, une plus grande place à l'apprentissage, à l'"éducation" des jeunes individus. Ceux-ci ne sont pas insérés dans un groupe compact dont il suffit d'imiter les faits et gestes. Le comportement maternel du singe Atèle est en effet très complexe et laisse une part importante aux initiatives du petit (MILTON, 1988).

Cette approche des modalités de l'encéphalisation accorde la place essentielle à l'alimentation, source d'énergie pour le cerveau. Nous y avons déjà fait allusion plus haut. Le caractère schématique de notre exposé ne doit toutefois pas laisser supposer que les choses sont réellement aussi simples, et rien que les variations du nombre d'individus d'un groupe demandent une série de remarques tirées des constatations de divers observateurs. Nous allons cependant voir qu'une telle approche permet de caractériser certaines convergences frappantes que le singe capucin (*Cebus* sp.) partage avec l'homme.

2.3. Le singe capucin

Cebus, le singe capucin ou sapajou, est un genre composé de quatre espèces (*Cebus apella, albifrons, capucinus, olivaceus*) et offre parmi les autres singes d'Amérique du Sud l'image d'un succès biologique certain. Tout d'abord, *Cebus* ou des singes ressemblant à *Cebus* ont connu une longue évolution au coeur du Nouveau Monde. Ensuite, les capucins ont sans doute la plus large distribution géographique parmi les singes sud-américains, à l'exception peut-être d'*Alouatta*. De plus, ils s'adaptent à une grande variété de types forestiers et on peut les rencontrer, comme en Colombie, aussi bien au niveau de la mer qu'à une altitude de 2.700 m. Enfin, ils paraissent pleins de ressources face aux dégâts que produit l'activité humaine sur leurs habitats. Ces caractères reflètent leur souplesse d'adaptation. En rapport avec ceux-ci, "the success enjoyed by capuchins ... derives in part from the fact that, like humans, they are highly opportunistic generalists" (FRAGASZY, VISALBERGHI, ROBINSON, 1990).

L'homme possède un cerveau d'une taille relative environ 6 fois supérieure au niveau moyen des mammifères, le singe capucin, lui, a un cerveau environ 3.5 fois supérieur à ce niveau. Les chimpanzés, quant à eux, ont des cerveaux à peine 2.5 fois plus grand qu'attendu et les autres grands singes sont encore en-dessous (MARTIN, 1990).

L'alimentation du singe capucin

Nous avons exposé plus haut l'importance de la biologie de la reproduction pour l'étude du développement cérébral (point 1.2.). Grâce aux ressources énergétiques fournies par la mère à l'embryon durant la gestation puis au nouveau-né au moyen de la lactation, le cerveau voit son développement quasi achevé à la fin de cette dernière. L'encéphalisation élevée de certaines espèces, actuelles et fossiles, est donc étroitement liée à la qualité énergétique du régime alimentaire maternel durant le développement cérébral de l'enfant. Ainsi, "Expansion of the brain, relative to body size, had already begun at the level of the gracile australopithecines and it is therefore likely that some increase in the supply and reliability of high-energy food resources – especially for pregnant and nursing females – had taken place" (MARTIN, 1990). Ce point est essentiel dans toute discussion sur les facteurs écologiques qui ont présidé à l'évolution humaine. Etant donné les difficultés d'obtenir des informations directes sur l'alimentation de nos ancêtres, et comme les conditions "naturelles" d'alimentation sont également fort difficiles à observer sur l'homme contemporain, on tire le plus grand profit de la comparaison avec les Primates actuels (MARTIN, 1990).

L'approche habituelle consiste à étudier la taille relative (par rapport au poids du corps) des quatre parties du tractus digestif : l'estomac, le petit intestin, le caecum et le colon (CHIVERS-HLADIK, 1980, mentionné par MARTIN, 1990). On constate ainsi que les animaux herbivores présentent une augmentation relative des parties du tractus digestif qui servent à la fermentation (estomac ou caecum et colon), tandis que chez les carnivores, on observe une réduction généralisée de toutes les parties du tractus. Des chercheurs ont mis en rapport la taille des quatre parties du tractus et le poids du corps en prenant comme pente de la droite de régression une valeur fixe de 0.75 dans chaque cas. Pour cela, on s'est basé sur le rapport entre métabolisme basal et poids corporel, pour lequel la pente de la droite de régression est de 0.75 (voir figure 1). L'examen révèle que l'homme se caractérise par une taille relative réduite de toutes les parties de son tractus digestif, essentiellement du caecum. Cette constitution se retrouve, en plus prononcé encore, chez le singe capucin (MARTIN et al. 1985, MAC LARNON et al. 1986a, 1986b, mentionnés par MARTIN, 1990). De ce point de vue, l'homme et le singe capucin font partie d'un ensemble qui comprend seulement des mammifères carnivores (ordre Carnivora et Pinnipedia : phoques et otaries) bien que deux prosimiens montrent une légère tendance à la même spécialisation (MARTIN, 1990). La figure 4 illustre les places de l'homme et du singe capucin au sein de l'ensemble de mammifères présentant une spécialisation analogue et situe cet ensemble par rapport à ceux montrant des spécialisations différentes du tractus digestif.

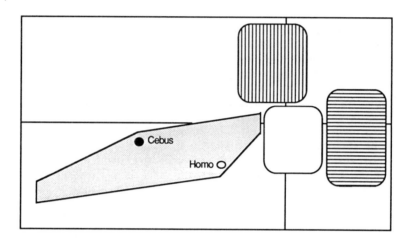

Figure 4. Cette figure représente la répartition en 4 groupes de mammifères placentaires et de Primates d'après les dimensions relatives des quatre parties de leur tractus digestif : estomac, petit intestin, caecum, colon. L'ensemble blanc contient des espèces assez peu spécialisées quant à leur régime alimentaire et à la structure de leur tractus digestif, il s'agit essentiellement de Primates. L'ensemble en hachuré vertical contient des espèces caractérisées par un estomac relativement grand, l'ensemble en hachuré horizontal des espèces caractérisées par l'augmentation de leur caecum et de leur colon. Les espèces appartenant à l'ensemble en pointillés, essentiellement des carnivores, ont subi une réduction de la taille relative de l'ensemble de leur tractus digestif. Cet ensemble comprend également l'homme (point blanc) et le singe capucin (*Cebus*) (point noir). Les axes de la figure, sans signification biologique intrinsèque, servent à indiquer les distances relatives entre les ensembles (adaptée de MARTIN, 1990).

La place de l'homme et celle du singe capucin parmi les carnivores ne signifie pas nécessairement que ceux-ci soient adaptés à un régime carné. ROBINSON (1986) (mentionné par MARTIN, 1990) a observé que 35% de ce que consomme *Cebus olivaceus* consiste en proies animales de diverses sortes. Toutefois, 58% de l'alimentation de cette espèce est d'origine végétale, ainsi, on s'accorde pour décrire le singe capucin comme essentiellement frugivore. ROBINSON qualifie même *Cebus olivaceus* de "ripe-fruit specialist" (cité par MARTIN, 1990). Il met ainsi l'accent sur la prédilection de cette espèce pour les fruits mûrs, les fruits encore verts étant plus difficiles à digérer et ayant une teneur énergétique plus faible. On peut donc avancer en toute vraisemblance que le caractère commun à l'homme, au singe capucin et aux carnivores de l'ensemble en pointillé de la figure 4 est la prédilection pour une alimentation riche en énergie, aisément digestible. Le tractus digestif de l'homme actuel est donc jusqu'à un certain point adapté à une telle alimentation. Ceci ne nous fournit pas d'indications directes sur l'alimentation des premiers hommes mais suggère que l'évolution humaine a dû opter assez tôt pour un régime alimentaire dans lequel les composants aisément digestibles et hautement énergétiques occupaient une place prépondérante par rapport à celui de la plupart des autres Primates (MARTIN, 1990).

On doit également associer la convergence entre l'homme et le singe capucin en ce qui concerne la taille relative des éléments du tractus digestif à une autre similitude liée à la nature du régime alimentaire. Il s'agit de l'épaisseur de l'émail des molaires. On sait maintenant que les molaires des hominidés possédaient une épaisse couche d'émail (MARTIN, 1985). Par ailleurs, KAY (1981) a observé que l'émail le plus épais chez les Primates non humains se trouvait chez *Cebus apella*. KAY interpréta ce fait comme une adaptation commune du singe capucin et des hominidés à la consommation de noix, mais cette idée fut mise en doute par TEAFORD-WALKER (1984) dans une étude sur l'usure des molaires. Néanmoins, "it is significant that in possessing thick-enamelled molars *Homo sapiens* and *Cebus* share another condition that is relatively uncommon among primates and almost certainly derived" (MARTIN, 1990).

3. QUELQUES MOTS SUR NOS ANCETRES

Ce cadre comparatif est du plus haut intérêt lorsque l'on parle de notre évolution. Les facteurs écologiques qui ont amorcé l'évolution humaine semblent s'être mis en place au Pliocène, entre 5 et 2 millions d'années. A ce moment se produisit une constante augmentation du nombre d'espèces, chacune exploitant une niche écologique particulière. Dans l'Est de l'Afrique, entre 2.5 et 2 millions d'années, on assista à un assèchement généralisé de l'environnement. Les habitats, fort boisés, sont devenus plus broussailleux (FOLEY-DUNBAR, 1989).

Les fossiles nous enseignent que, dans ce contexte, quelques cinq espèces d'hominidés coexistaient. Parmi celles-ci, c'est chez les *australopithèques graciles*, assez légers, qu'il faut chercher la base de notre lignée. Par ailleurs, on a classé certains restes comme appartenant aux *australopithèques robustes*. Ces hominidés étaient adaptés à un régime végétal constitué de graines et de plantes fibreuses assez coriaces. L'exploitation de ces ressources de faible valeur énergétique, sur lesquelles ils furent sans doute contraints de se rabattre à cause des changements survenus dans l'environnement et de la compétition pour la nourriture qui s'ensuivit, les ont obligés à développer une mâchoire et une denture spécialisée. Par ailleurs, on a déterminé qu'à la même époque que les hominidés, un groupe très spécialisé de babouins, les *théropithèques*, s'est diversifié en un grand nombre d'espèces. Ces Primates, uniques en leur genre, paissaient sur de vastes prairies et connurent ainsi une évolution parallèle à celle des *australopithèques robustes*, mais, alors que ces derniers sont tous éteints, une espèce de *théropithèque* existe encore : le babouin Gelada des hautes terres d'Ethiopie (FOLEY-DUNBAR, 1989).

Les *australopithèques robustes* étaient de grande taille par rapport aux autres hominidés, leur durée de gestation était donc plus longue et cela causa sans doute un ralentissement de l'évolution génétique qui leur aurait permis d'adapter leur constitution aux modifications rapides de l'environnement. De plus, si le milieu évolue trop rapidement, la nourriture disponible au début de cette longue gestation peut avoir disparu à la fin de cette dernière. On observe d'ailleurs que les espèces actuellement les plus menacées sont aussi bien souvent les plus grandes, les gorilles, les éléphants, les rhinocéros et les baleines. L'*australopithèque robuste* n'était donc certainement pas une erreur de la nature mais bien une créature remarquablement adaptée à son milieu, mieux que ne le fut ou que ne le sera aucun autre hominidé. Leur grande taille fut une condition de leur succès mais les conditions sous lesquelles celui-ci s'est accompli n'ont pas duré. Il ne faut donc pas concevoir l'évolution humaine comme une échelle menant tout droit à l'homme moderne, il a existé des hominidés qui, sans le cerveau de ce dernier, furent néanmoins des réussites de l'évolution (FOLEY-DUNBAR, 1989).

Par ailleurs, à côté de la taille cérébrale, une série de caractères biologiques comme le nombre de naissances par portée, la longévité, l'âge de la maturité sexuelle, la longueur de la gestation, le poids à la naissance et la durée des intervalles entre les naissances sont corrélés entre eux et avec le poids corporel (HARVEY-MARTIN-CLUTTON-BROCK, 1987). Ainsi, le poids corporel d'un hominidé peut nous apprendre beaucoup sur sa biologie. On peut estimer ce poids chez les fossiles en étudiant le diamètre d'un os long de la jambe, comme le fémur. On a ainsi découvert que les premiers hominidés n'étaient pas beaucoup plus grands que les autres singes. Ceci dit, grandissaient-ils de la même façon ou, plus précisément, quand survenait l'âge de la maturité ? L'homme moderne croît relativement moins vite que les autres Primates, mais on ignore quand ce changement s'est mis en place, des recherches récentes ont toutefois mis en évidence que les premiers hominidés se développaient plus vite que l'homme moderne. Comme l'expriment FOLEY-DUNBAR (1989), "rapid growth and earlier sexual maturity is just what ecological theory would predict for a species adapted to a patchy, unpredictable environment".

On a insisté plus haut (point 1.2.) sur l'importance de la gestation pour le développement cérébral des mammifères. Sans revenir sur les contraintes dues aux dimensions du bassin de la mère, le métabolisme de celle-ci, grâce à une longue gestation, permet à l'embryon d'atteindre une taille cérébrale importante. Les premiers hominidés ne possédaient pas de cerveaux tellement plus grands que ceux des autres singes et une taille cérébrale telle qu'on l'observe chez l'homme moderne est apparue assez récemment. Pour cela, le développement a dû subir un ralentissement considérable. Ce sont donc vraisemblablement les facteurs écologiques qu'il faut d'abord évoquer pour comprendre la direction prise par l'encéphalisation chez les hominidés.

A ces facteurs influençant le développement s'en ajoutent d'autres qui se sont directement traduits sur le régime alimentaire. L'*australopithèque robuste* vivait dans un environnement assez aride dans lequel les arbres étaient peu nombreux et se nourrissait donc assez peu de fruits, son régime devait être assez abrasif comme l'indique l'usure de ses dents. Par comparaison avec ce que l'on observe chez les Primates actuels, il devait comprendre des noix assez dures et des graines. Les *australopithèques graciles*, vraisemblablement à l'origine de la lignée qui a mené à l'homme, devaient par contre se nourrir de fruits et de feuilles comme les chimpanzés actuels, mais ce n'est qu'à partir de *Homo erectus* (autour de 1.5 millions d'années) que l'usure dentaire révèle un régime sans aucun doute plus carné (FOLEY-DUNBAR, 1989). Ce dernier était donc devenu un chasseur-cueilleur et ces possibilités nouvelles, lui permettant une exploitation très différente des ressources de l'environnement, engendrèrent des transformations sociales dont nous n'avons pas fini de mesurer les conséquences, qu'il s'agisse des pires ou des meilleures.

REFERENCES BIBLIOGRAPHIQUES

BAUCHOT, R. 1982, "Brain Organization and Taxonomic Relationships in Insectivora and Primates", ARMSTRONG, E. - FALK, D. éds, *Primate Brain Evolution: Methods and Concepts*, 163-175, New York.

BAUCHOT, R - STEPHAN, H. 1969, "Encéphalisation et niveau évolutif chez les simiens", *Mammalia*, 33, 225-275.

CHIVERS, D.J. - HLADIK, C.M. 1980, "Morphology of the Gastrointestinal Tract in Primates: Comparison with other Mammals in Relation to Diet", *Journal of Morphology*, 166, 337-386.

FLEAGLE, J.G. - MITTERMEIER, R.A. 1980, "Locomotor Behavior, Body Size, and Comparative Ecology of Seven Surinam Monkeys", *American Journal of Physical Anthropology*, 52, 301-314.

FOLEY, R. - DUNBAR, R. 1989, "Beyond the Bones of Contention", *New Scientist,* 14 Octobre 1989, 37-41.

FRAGASZY, D.M. - VISALBERGHI, E. - ROBINSON, J.G., 1990, "Variability and Adaptability in the Genus Cebus", *Folia Primatologica*, 54, 114-118.

GAULL, G.E. 1979, "What is Biochemically Special about Human Milk", D. RAPHAEL éd., *Breastfeeding and Food Policy in a Hungry World*, 217-227, New York.

GAULL, G.E. - JENSEN, R.G. - RASSIN, D.K. - MALLOY, M.H. 1982, "Human Milk as Food", MILUNSKY, A. - FRIEDMAN, E.A. - GLUCK, L. éds, *Advances in Perinatal Medicine*, 2, 47-120, New York.

GILISSEN, E. 1990, "L'évolution du concept d'encéphalisation chez les vertébrés". Dans ce volume.

GOULD, S.J. 1975, "Allometry in Primates, with Emphasis on Scaling and the Evolution of the Brain", SZALAY, F. éd., *Approaches to Primate Paleobiology, Contribution to Primatology*, 5, 244-292, Basel.

GOULD, S.J. 1977, *Ontogeny and Phylogeny,* Cambridge.

HARVEY, P.H. - MARTIN, R.D. - CLUTTON-BROCK, T.H. 1987, "Life Histories in Comparative Perspective", SMUTS, B.B. & al. éds, *Primate Societies*, 181-196, Chicago.

JORDAAN, H.V.F. 1976, "New Born: Adult Brain Ratios in Hominid Evolution", *American Journal of Physical Anthropology*, 44, 271-278.

KAY, R.F. 1981, "The Nut-Crackers. A New Theory of the Adaptations of the Ramapithecinae", *American Journal of Physical Anthropology*, 55, 141-151.

LEUTENEGGER, W. 1982, "Encephalization and Obstetrics in Primates with Particular Reference to Human Evolution", ARMSTRONG, E. - FALK, D. éds, *Primate Brain Evolution: Methods and Concepts*, 85-95, New York.

MACLARNON, A.M. - CHIVERS, D.J. - MARTIN, R.D. 1986a, "Gastrointestinal Allometry in Primates and other Mammals Including New Species", ELSE, J.G. - LEE, P.C. éds, *Primate Ecology and Conservation*, 75-85, Cambridge.

MACLARNON, A.M. - MARTIN, R.D. - CHIVERS, D.J. - HLADIK, C.M. 1986b, "Some Aspects of Gastrointestinal Allometry in Primates and other Mammals", SAKKA, M. éd., *Définition et origines de l'homme*, 293-302, Paris.

MARTIN, L.B. 1985, "Significance of Enamel Thickness in Hominoid Evolution", *Nature*, 314, 260-263.

MARTIN, R.D. 1983, "Human Brain Evolution in an Ecological Context", *Fifty-Second James Arthur Lecture on the Evolution of the Human Brain 1982*, 1-58, New York.

MARTIN, R.D. - CHIVERS, D.J. - MACLARNON, A.M. - HLADIK, C.M. 1985, "Gastrointestinal Allometry in Primates and other Mammals", JUNGERS, W.L. éd., *Size and Scaling in Primate Biology*, 61-89, New York.

MARTIN, R.D. 1989, "Size, Shape and Evolution", KEYNES, M. éd., *Evolutionary Studies – A Centenary Celebration of the Life of Julian Huxley*, 96-141, London.

MARTIN, R.D. 1990, "Evolution of the Brain in Early Hominids", *Ossa,* 14, 49-62.

MILTON, K. 1988, "Foraging Behaviour and the Evolution of Primate Intelligence", BYRNE, R.W. - WHITEN, A. éds, *Machiavellian Intelligence*, 285-305, Oxford.

PAGEL, M.D. - HARVEY, P.H. 1988, "The Taxon-Level Problem in the Evolution of Mammalian Brain Size: Facts and Artifacts", *The American Naturalist*, 132 (3), 344-359.

ROBINSON, J.G. 1986, "Seasonal Variation in Use of Time and Space by the Wedge-Capped Capuchin Monkey, *Cebus olivaceus*: Implications for Foraging Theory", *Smithsonian Contribution to Zoology*, 431, 1-60.

SACHER, G.A. - STAFFELDT, E.F. 1974, "Relation of Gestation Time to Brain Weight for Placental Mammals: Implications for the Theory of Vertebrate Growth", *American Naturalist*, 108, 593-616.

STEPHAN, H. 1972, "Evolution of Primate Brains: A Comparative Anatomical Investigation", TUTTLE, R. éd., *The Functional and Evolutionary Biology of Primates*, 155-174, Chicago.

TEAFORD, M.F. - WALKER, A.C. 1984, "Quantitative Differences in Dental Microwear between Primate Species with Different Diets and a Comment on the Presumed Diet of *Sivapithecus*", *American Journal of Physical Anthropology*, 64, 191-200.

TOBIAS, P.V. 1970, "Brain Size, Grey Matter and Race-Fact or Fiction", *American Journal of Physical Anthropology*, 32, 3-26.

Adresse de l'auteur :

Anthropologisches Institut
und Museum der Universität Zürich-Irchel
Winterthurerstrasse 190
CH-8057 Zürich
Suisse

BCILL 58 : *Le comparatisme devant le miroir*, 119-135

LE LANGAGE COMME LIEU DE COMPARAISON (TYPOLOGIQUE)*

Claude HAGÈGE

Collège de France

"La vraie théorie des langues, c'est leur histoire" (E. Renan)

0. Mon propos est de montrer que l'intérêt de la comparaison typologique des langues humaines est non seulement d'apporter une contribution à la linguistique génétique en définissant le concept de "langues concevables", mais aussi de nous donner l'occasion de montrer comment l'*homo loquens* construit les langues selon ses besoins dans un contexte social.

A travers un certain nombre de langues, j'aimerais montrer d'une part qu'il y a comme une répartition des tâches et que l'étude de cette répartition nous permet de voir comment l'homme, ayant construit de façon semi-consciente ses langues en fonction de ses besoins au fur et à mesure de son histoire, les organise de manière équilibrée. En second lieu, je montrerai, en prenant comme point de départ cette répartition des tâches entre différents domaines des langues, que certaines tentations que j'appelle "cognitivistes" sont sinon à éviter, du moins à accueillir avec précaution afin qu'on en aperçoive les limites et les risques. Renouant le fil avec cette première partie sur la répartition des tâches, je m'efforcerai de faire apparaître ce que j'appellerai l'activité constructrice de l'*homo loquens* en train de concevoir pour

---

* Ce texte a été préparé pour la publication par P. DESMET et P. SWIGGERS à partir d'une première transcription de l'exposé oral de Claude HAGEGE devant le groupe de contact F.N.R.S. "Epistémologie et méthodologie des études comparatives" (Louvain, mai 1989).

son usage dans le procès de communication les modèles abstraits qui répondent à un certain nombre d'urgences interlocutives.

1. Cette répartition des tâches s'observe à de nombreux niveaux. D'abord les langues nous offrent l'image d'une répartition des tâches entre la morphologie dans le domaine de la composition et de la dérivation et, d'autre part, le lexique. J'emprunte à notre ami Karel VAN DEN EYNDE un intéressant exemple tiré de sa *Fonologie en morfologie van het Cokwe* (1960), langue bantoue de l'Angola et de la province du Kasai au Zaïre. VAN DEN EYNDE nous dit qu'il traduit *-kas-* par "binden", mais alors pour pouvoir gloser le suffixe *-unuk* dans *kasunuk* on doit dire "terug losgemaakt zijn van wat gebonden was van het kleine" ("être détaché (se dit de ce qui était attaché et qui est petit)") : c'est à la fois du dépréciatif, du réversif et de l'intensif). La glose néerlandaise montre comment dans une langue germanique c'est au lexique qu'est confiée la tâche qui est remplie de façon synthétique par ce suffixe cokwe caractérisé par sa forte densité sémique.

On peut aussi avoir une répartition des tâches entre la syntagmatique, c'est-à-dire syntagme nominal (SN) et syntagme verbal (SV), et le lexique. Je prends l'exemple de l'hindi, où le mot *kəl* veut dire tantôt "hier" tantôt "demain". Le mot *kəl* est indéterminé et on pourrait le traduire par "espace d'un jour". Dans *mẽkəl unse mIlunga* "je le rencontrerai demain", c'est la terminaison *-unga* du futur 1re personne singulier qui induit le sens de "demain" (la terminaison *-a* de *mIla* donnerait le sens "je l'ai rencontré **hier**"). En d'autres termes, nous avons affaire à une langue dans laquelle la sous-spécification sémantique d'un adverbe qu'on peut traduire par "l'espace d'un jour" est compensée par l'indication que fournit la flexion verbale. Cela nous montre que les tâches sont réparties entre le lexique et la syntagmatique, cette fois-ci non plus d'une langue à l'autre, mais au sein d'une même langue (on a des phénomènes semblables en français, en huron, en malgache et en kikongo). Ces exemples nous conduisent à une réflexion sur le contenu du concept d'économie, concept fréquemment utilisé par des linguistes de diverses obédiences sans qu'on prenne toujours soin de savoir de quoi on parle. Cela vaut davantage pour le concept de simplicité, dont je ne me sers pas volontiers ou en tout cas avec beaucoup d'hésitation. Qu'est-ce que c'est qu'une langue plus simple qu'une autre ? Est-ce une langue qui oblige son locuteur et a fortiori celui qui l'apprend de l'extérieur – adulte ou enfant – à faire un moins grand nombre d'efforts ? Mais si c'est le cas, dans quels domaines ? L'économie d'une langue suppose toujours aussi, quelque part ailleurs, un manque d'économie. Dans une langue qui confie à la composition verbale ce qu'une autre langue confie au lexique, les composés sont les lieux d'un fort investissement d'énergie. En revanche, il y aura un effort mémoriel de rétention des souvenirs pour l'apprentissage du lexique dans une langue qui fait les choses de façon inverse. Le problème de l'économie, à mon avis, est un faux problème dans la mesure où on ne sait jamais très bien de quoi on parle ni si ce que l'on croit économique en syntagmatique n'est pas compensé par un manque d'économie en paradigmatique et réciproquement.

Nous avons encore d'autres types de répartition des tâches entre syntaxe et lexique dans une langue comme le palau de Micronésie. J'utilise ici mes propres enquêtes de terrain sur cette langue, indonésienne par son apparentement génétique et typologique, micronésienne par sa situation géographique (HAGEGE 1986). En palau, on a par exemple un mot qu'on traduit en français par "recommencer à" ou "re-", et qui n'est ici que le V1 d'une série V1V2. En d'autres termes, pour "il fume de nouveau", on dit ŋl-m-u:t l mə-lamə? " il - revenir - fumer"[1]. Ce que le français exprime par une sorte d'auxiliaire "se remettre à", est exprimé ici par une série verbale. On a donc une solution syntaxique de ce qui est en français proprement lexique.

Le malgache présente un phénomène semblable. Il s'agit d'une langue où il n'y a pas d'autre façon de dire "ensemble" autre que d'employer un V1V2 "être ensemble". Par conséquent, pour dire "aller ensemble" il faut dire "être ensemble aller", avec un V1V2 (mi-araka + ma-ndeha ---> miara-mandeha). Ces séries verbales dans lesquelles certains phénomènes réduisent le signifiant des deux éléments, surtout le V1, restent quand même des SV. On observe une situation comparable en palau où on a un verbe δ-m-ak avec un infixe -m- qui signifie "être ensemble". Pour dire "faire x ensemble", on dit "être ensemble faire x", tout comme pour dire "aller ensemble" en malgache on dit "être ensemble aller", alors que d'autres langues se servent d'adverbes.

La répartition des tâches peut s'observer aussi entre la syntaxe, notamment celle des constructions verbales sérielles, et la morphologie dérivationnelle ou compositionnelle. En kalam, langue de l'archipel Bismarck en Nouvelle Guinée, on a des séries verbales : pour "apporter" on a "obtenir + venir" (d + ap), pour "emporter" on a "obtenir +partir" (d + am), pour "aller chercher du bois", on a "partir bois abattre obtenir venir" (am-mon-pk-d-ap). Il s'agit donc bien d'une langue à structure tout à fait sérielle. De même, pour "se nourrir de noix de pandanus", on dit "partir pandanus noix couper obtenir venir faire cuire consommer" (am-alŋaw-kab-tk-d-ap-ad-ñb). Le kalam est une langue dans laquelle on confie à la composition verbale ce qui en français est confié au lexique. Mais comme la langue est également sérielle, c'est-à-dire qu'elle associe les verbes entre eux, la situation est double : la construction sérielle relève de la syntaxe, la composition relève de la morphologie. Nous parlons ici d'une situation atypique et on voit combien un linguiste a toujours intérêt à examiner le maximum de matériaux afin de ne pas être tenté de tirer

---

[1] Le palau est une des seules vraies langues à infixes, comme le sont également le khmer et d'autres langues d'Asie du Sud-Est. L'infixation, ici celle du morphème verbal -m-, est un phénomène inconnu en Europe. On a montré que dans relinquo par rapport à reliqui le -n- n'est pas un infixe historiquement, mais que le radical est bien un relV- auquel -n- et -qu- sont tous deux suffixes. Un vrai infixe, au moins synchroniquement, est un élément qui disloque une racine, ce qui fait que pour la représenter dans la glose métalinguistique, il faut d'une façon ou d'une autre indiquer que lu:t est un seul et même verbe qui veut dire "recommencer".

des conclusions hâtives d'un examen fondé sur un corpus lacunaire. On remarque généralement que les langues sérielles sont des langues morphologiquement pauvres. Inversement, les langues à riche système de dérivation ou de composition sont des langues très rarement sérielles. Pourquoi? Précisément parce qu'il y a une répartition des tâches. Partout et toujours, nous voyons une activité dite subliminale de l'homme qui construit selon ses besoins en fonction des pressions sociales et des limitations auxquelles sa langue le contraint. Il est assez naturel, sur le plan du raisonnement abstrait, qu'une langue qui fait un large appel aux ressources dérivationnelles n'ait pas besoin d'être sérielle parce que les langues sérielles compensent par une solution syntaxique la très grande lacune qu'elles ont sur le plan morphologique. Mais il y a des contre-exemples, comme le montre le cas du kalam.

Ma méthode ne consiste pas en accumulation de matériaux invertébrés. Ce qui m'intéresse, c'est de voir comment les langues confirment des présupposés que nous avons sur l'activité constructrice de l'homme de parole. Les langues qui sont atypiques sont intéressantes parce qu'elles nous montrent que ce qui est prévisible et qui l'est généralement en termes de logique n'est cependant pas toujours vérifié, parce que d'autres facteurs interviennent. Ces facteurs sont également humains, sociaux, historiques, etc. Ainsi, le kalam est probablement une langue qui s'est à un moment donné créolisée et on sait que les créoles ont souvent une grande richesse compositionnelle, pour compenser les lacunes qu'elles présentent dans d'autres parties de leur système.

Une répartition des tâches peut également s'observer entre les solutions lexicales. J'ai recherché des exemples pris à des langues plus familières mais pour cette raison même fort mal connues malgré l'impression contraire. Comparons l'anglais et l'espagnol pour ce qui concerne l'expression du mouvement. Les langues germaniques, en général, tendent à indiquer le mouvement par le verbe (éventuellement en combinaison avec un adverbe). En espagnol, l'expression du mouvement est souvent confiée à un élément circonstanciel secondaire, par ex. une forme de gérondif. On le voit par les exemples suivants :

(1) esp. *La botella cruzó el canal flotando*
     angl. *The bottle floated across the canal*
(2) esp. *Metió el barril a la bodega rodándolo*
     angl. *He rolled the keg into the storeroom*
(3) esp. *Sacó el corcho de la botella retorciéndolo*
     angl. *He twisted the cork out of the bottle*
(4) esp. *Tumbó el árbol a hachazos*
     angl. *He chopped the tree down.*

En anglais le verbe exprime donc la manière, la modalité circonstancielle de l'action; en espagnol il exprime le résultat.

2. A cette étape du présent exposé, quel bilan peut-on faire ? On peut dire que les langues humaines offrent l'image d'une subtile et complexe répartition des tâches. C'est là, évidemment, une façon purement métaphorique de présenter les choses. "Répartition des tâches" est emprunté à la sociologie ou à la politologie. En tout cas, il semble qu'il y ait différents systèmes dans les langues, et que l'activité productrice du discours d'une langue à l'autre donne l'image d'un équilibre entre différents domaines d'expression : nous avons là, de manière subliminale, une activité de construction qui est celle de l'homme proférant sa parole et fabriquant ses langues au fur et à mesure de son histoire.

On peut alors se demander, avec des chercheurs tels que D. SLOBIN (1986), s'il y a "a universal set of psycholinguistic principles". Ce que je viens de dire semblerait ouvrir la voie à de tels développements, puisque j'ai parlé d'activité subliminale. Mais on va voir qu'ils sont, en fait, assez éloignés de la direction suivie ici.

Voici un exemple turc. Le turc est une langue à dominante participiale, hypernominale. On se contente d'un participe : *gel-en adam* ("l'homme qui est venu") avec cependant neutralisation de l'opposition aspecto-temporelle. *Gel-en adam* veut dire "celui qui vient" ou "celui qui est venu" ou "celui qui viendra". Mais, les langues dans lesquelles la relative est faite d'un participe ont-elles vraiment des relatives ? En effet, le vrai sens de la relative turque est ici "l'homme venant". Ce que le turc traite par cette structure, d'autres langues le traitent par une relative à pronom relatif, éventuellement avec un résomptif à la fin comme en arabe ou en français parlé populaire, langues où on a un symbole de subordination, puis une proposition subordonnée au verbe précédent ou à un actant. Au lieu de cela, le turc présente un participe. Selon SLOBIN les relatives en "qui" sont simples, mais celles en "que" sont complexes. Voici comment le turc construit une relative en *que* : *l'homme qu'Ali a vu* se dit "[d'Ali son fait de voir] homme". L'équivalent turc est donc une structure dans laquelle on a une nominalisation et une possessivation à la fois. On peut aussi relativiser un circonstant : *la maison où Ali habite* donne en turc "la maison son fait d'habiter de lui Ali". Selon SLOBIN, les relatives où on ne relativise pas le sujet, mais un patient, un objet ou un circonstant seraient acquises beaucoup plus tard par l'enfant turc, à cause d'une difficulté qu'ils auraient de "processing". Les enfants turcs auraient donc quelques difficultés avec les relatives correspondant aux relatives en *que* ou circonstancielles du français, parce que ces relatives représentent un type plus complexe d'acquisition. Cela reflète, il semble, une vision anglocentrique ou américanocentrique. On dit : nous avons des relatives aussi simples que *the man who came* ou *the man whom I saw*, alors que c'est si complexe en turc. Le turc ose, sur ce point bien particulier, ne pas être comme l'anglais ! Il y a comme un phénomène de dissemblance "coupable" vis-à-vis de l'anglo-américain. Dans ce cas-ci, on ne peut pas fournir de preuve du fait que le système turc est ressenti par l'enfant comme compliqué, car l'unique argument de SLOBIN consiste à dire qu'ils ont une certaine difficulté à l'acquérir alors qu'en réalité cette relative turque est entièrement en usage.

Une autre tentation intéressante que l'on rencontre chez certains peut être illustrée par l'exemple des créoles. Il s'agit de la tentation innéiste. Je me sers pour cela de l'ouvrage de BICKERTON (1980), *Roots of Language*. Il produit des faits intéressants mais pour en tirer une bien étrange conclusion. Je citerai ceux qu'il emprunte au sranan, créole de Guyane. En sranan, langue sérielle, soit un énoncé comme *Meri teki a buku gi mi*; c.-à-d. mot à mot : "Marie a pris le livre [et] donné moi", donc "Marie m'a donné le livre". La langue peut focaliser à peu près tous les éléments. Si l'on veut focaliser le bénéficiaire avec le focalisateur *na*, on aura *na mi Meri teki a buku gi* (je focalise aussi par l'intonation) "c'est à moi que Marie a donné le livre". Mais Bickerton constate qu'on a une étrange structure dans laquelle il semble que ce soit le V2 de la série verbale V1V2 qui soit focalisé. Si en effet on analyse l'énoncé *na gi Meri teki a buku gi mi*, il apparaît que ce qui est focalisé c'est le V2, mais alors qu'est-ce que ce V2 ? Est-ce que la phrase veut dire "Marie m'a donné le livre" ou "Marie m'a donné le livre à moi", auquel cas j'aurais affaire à un rare phénomène qui est la focalisation du relateur. En français, je peux focaliser ce que je veux, sauf précisément le relateur et le verbe. Si je dis "l'enfant a mis le livre sur la table", je peux focaliser presque tout. Je peux focaliser l'agent, le patient, le circonstant, mais il est beaucoup moins facile de focaliser le prédicat verbal ("c'est mettre que l'enfant a ... sur la table" ?). Le français classique avait une structure possible. Il y avait un verbe *faire* et par conséquent on trouve "j'aime X plus que je ne fais Z". Un exemple de l'emploi de *faire* en tant que pro-verbe est donné dans ce très célèbre distique de *Britannicus* de Racine : *"Je l'aimais inconstant, qu'eussé-je fait fidèle ?"* = "Puisque je l'aimais alors qu'il était inconstant, combien je l'aurais aimé s'il avait été fidèle". On s'empresse de dire que ceci est du français racinien qui aujourd'hui n'a plus cours. En français moderne, on ne peut dire "c'est mettre le livre sur la table que je fais". Néanmoins, les linguistes qui déclarent que le français focalise l'agent (en termes sémantico-référentiels, soit le sujet en termes morpho-syntaxiques), le patient (en termes sémantico-référentiels, soit l'objet en termes morpho-syntaxiques), et qu'il ne peut focaliser le prédicat verbal ont tort. Ils oublient en effet ce phénomène vivant, réel qui est la courbe intonationnelle. Le français, comme n'importe quelle langue du monde, peut focaliser le prédicat : "l'enfant a **mis** le livre sur la table". La focalisation ici est contrastive ou éliminatoire. Il n'y a donc pas de moyen autre que l'intonation, qui est un moyen suprasegmental, pour focaliser le prédicat verbal en français. Peut-on focaliser un relateur ? Le français ne peut le faire qu'intonationnellement. Le français ne peut pas dire "c'est mettre que l'enfant a fait le livre sur la table". Il peut encore moins dire "C'est sur que l'enfant a mis le livre la table". Une langue créole comme le sranan dispose bien sûr, comme toutes les langues du monde, de l'intonation, mais elle dispose aussi d'un moyen morphématique qui est de focaliser par *na*. Or, pour 20 % des locuteurs sranans, la focalisation du verbe *gi* par *na* est considérée comme incorrecte et par conséquent ces 20 % considèrent comme incorrect que ce soit un verbe. Bickerton déduit que c'est une préposition. Etrange raisonnement. Il y a au surplus le fait que cette proportion de 20 % ne peut pas être tenue pour forte. BICKERTON n'est pas gêné par cela et il continue en déclarant que le créole sranan est en train de se décréoliser et de devenir une langue semblable à celle qui a fourni son fonds lexical à l'origine. Autrement dit, ces langues sont en train de retrouver de plus en plus le modèle de la langue de base, une langue européenne, ici anglo-néerlandaise. J'ai beaucoup de difficultés à admettre un tel raisonnement. Si on l'admet, on est conduit à considérer – comme le fait BICKERTON – que les prépositions sont inscrites comme une nécessité absolue dans l'ordre requis des éléments de l'énoncé d'une langue humaine. Une langue a besoin d'avoir des prépositions et une langue qui n'en a pas s'en construit. Qu'on puisse ici extraire le verbe d'une structure V1V2 qui est typiquement sérielle en le laissant avec son statut de V1, cela gêne BICKERTON parce que cela voudrait dire que la langue n'est pas capable de se donner, à partir de ce *gi*, une vraie préposition. Phénomène pourtant bien connu : beaucoup de langues ont pour dire "à" ou "pour" (le bénéficiaire) un verbe "donner"; le chinois est dans ce cas, comme les créoles. En créole martiniquais on dit *to palé ba mo* "tu me parles". Le verbe *bailler* est devenu ici une marque de bénéfactif ou attributif. Certains sont gênés qu'une langue comme celle-ci puisse utiliser en fonction de marque d'attribution un verbe "donner" tout en lui laissant son statut de verbe. Pour eux il faut absolument qu'une langue ressemble fortement au modèle d'après lequel on dégage une fois pour toutes des relateurs qui sont plus verbaux. BICKERTON soutient que nous sommes en train de nous rapprocher, quant au sranan, d'un bioprogramme, c'est-à-dire d'un programme vital d'après lequel les langues tendent nécessairement à se doter d'instruments d'expression, dont – entre autres – les relateurs. Toutefois, ni en khmer, ni en viet, ni en chinois, ni en thai, ni dans aucune langue de l'Asie du Sud-Est qui toutes se servent d'un verbe "donner" pour dire "à" ou "pour", ce mot n'est devenu entièrement un "à" ou un "pour"; c'est un verbe "donner" certes, selon le contexte, il change de statut, mais non de nature. On a affaire ici à une façon de voir les choses qui est opposée à leur étude faite pour elle-même et en fonction des actes de communication chez le locuteur. En fait, les relateurs d'origine verbale peuvent fort bien conserver des traits morphologiques ou même syntaxiques verbaux, le contexte décidant de leur statut.

Pour le montrer de façon plus précise, je citerai un exemple en kwakwala (langue kwakiutl de la Colombie britannique) :

λəp -	usto -	lá -	xa - λoʔs
grimper	en haut -	"vers" -	acc. arbre

Un verbe "venir" y est devenu une préposition allative à traduire par "vers", mais continue à régir un complément d'objet avec une marque d'accusatif *xa*. Bien qu'il soit une préposition, il n'en a pas moins gardé certaines traces de son origine verbale. C'est là ce qui est intéressant si l'on adopte une conception morphogénétique. On peut voir l'activité subliminale du constructeur humain des langues se manifestant partout, transposant les catégories les unes dans les autres sans jamais abandonner entièrement les traits de l'une au moment même où elle se transmue en une autre.

On a des exemples comparables dans d'autres langues amérindiennes. Je cite ici le nitinaht, dans lequel un relateur prend des marques verbales sans cesser d'être un relateur :

λitciλ -	ibt -	ʔa -	john -	ʔōyoqw -	bowatc -	ʔaq
abattre -	passé -	assertif -	John -	relateur de patient -	cerf -	art.

(relateur de patient : ancien verbe "traiter, considérer comme, prendre")

Donc : "je déclare, j'asserte que John a abattu le cerf". Si l'on veut thématiser bowatc ʔaq; on le peut. On suffixe alors, par réminiscence de son origine verbale ("prendre, considérer comme"), la marque d'assertion et la marque de passé à ʔōyoqw, qui n'est plus qu'un indicateur de patient. Par conséquent, on obtient cette structure étrange consistant à dire "Ayant pris en considération le cerf, John abat".

Il existe d'autres faits comparables, notamment en chinois. Le verbe *chú* – au sens de "éliminer" ou de "mettre en plus pour éliminer", c'est-à-dire "en plus de" – apparaît assez souvent suffixé de la marque de passé *le*. Exemple :

zhèi ge jiù shūdiàn, chúle zhōng wén shūhái yǒu xǔduō wài wén shū

"cette vieille boutique de livres, en plus des livres de langue chinoise, a encore beaucoup de livres de langues étrangères". Bien que le *chú* soit devenu un indicateur d'adjonction ou d'élimination "en plus de", il a gardé le *le* qui est la marque du passé. Je traduis mot à mot : "à condition que l'on ait éliminé, si l'on a éliminé". Ceci est le sens étymologique, parce que "en plus de" était autrefois le verbe "éliminer", avec une marque de passé. Le *chú* peut cependant perdre sa marque du passé :

Zhōng guó shì yī ge duō mín zú guójiā ; chú Hàn zú
wài, hái yǒu wǔ shí duō ge shǎo shù mín zú

"La Chine est un pays de nombreuses nations; si on met à part la nation Han, elle a encore beaucoup (= plus de) 50 nations différentes" = "La Chine est un pays multinational; en plus de la nation Han, on y trouve plus de cinquante minorités nationales". Cet énoncé montre que le *chú* – en voie de devenir de moins en moins un verbe et de plus en plus un relateur – peut se débarrasser de sa marque de passé, bien que cette dernière soit très courante.

Dernier exemple qui me paraît intéressant :

dàjiā; wèile zhūiqiú zhēnlǐ jìnxíng le rìliè de tǎolùn

"Tout le monde en vue de rechercher la vérité a entrepris une chaleureuse discussion" = "On a mené, pour rechercher la vérité, une très vive discussion". Nous voyons apparaître *le* avec deux statuts différents : *le* est la marque d'accompli auprès d'un verbe et garde donc sa valeur pleine de morphème aspecto-temporel, mais le *le* est aussi une partie intégrante d'un relateur qui signifie "en vue de". Ici apparaît un problème théorique intéressant : où s'arrête la diachronie ? Est-on déjà dans l'étymologie au sens où l'on a une racine non attestée dans l'emploi en question mais dont on retrouve les éléments composants ? Faut-il dire qu'il y a un verbe *wèi* qui n'existe plus aujourd'hui mais qui existait en langue classique ? Si on lit les textes de Confucius, on peut y rencontrer quelquefois un verbe *wèi* qui veut dire "se proposer comme fin, comme cible, comme but". Mais aujourd'hui en chinois plus personne ne connaît le verbe *wèi*, en revanche tout le monde connaît la préposition *wèile* qui veut dire "en vue de" ou "pour". Nous avons ici affaire à un processus de morphogenèse dans lequel se lit l'activité constructive du locuteur humain en train de fabriquer ses instruments d'expression au gré de ses besoins et des pressions sociales.

3. J'en viens à la troisième et dernière partie, dans laquelle il s'agira de retrouver l'activité de construction subliminale. Une activité subliminale, et morphogénétique, de l'homme construisant les langues, se donne à voir dans tout ce qu'on vient d'étudier. J'en proposerai maintenant quelques illustrations très élémentaires que je puiserai dans différents domaines. Je produirai quelques cas de ce qui est appelé "étymologie populaire" et que j'appelle ici "remotivation lexicale" : le constructeur humain des langues, quand il emprunte des mots, va, du point de vue du signifiant comme du signifié, rechercher le plus approchant. Dans un domaine aussi simple que le lexique apparaît donc clairement l'activité de construction. En néerlandais, on a emprunté le mot français *biscuit* sous une forme qui rappelle des mots néerlandais : à *be*, préverbe néerlandais bien connu et à *schuit* ("bateau"). Quand le néerlandophone emprunte *ratatouille*, il le fait ressembler au diminutif *ratje* et puis *toe* ("fermé"). *Ratjetoe* n'a rien à voir ni avec le *rat* ni avec le *toe*, mais *ratjetoe*, cela dit quelque chose. Et enfin, on emprunte *vagabond* pour en faire *vagebond* (*vaag* "vague" et *bond* "lien").

Le deuxième point d'ancrage intéressant de cette activité du constructeur humain des langues est la culturalisation du naturel (culturalisation elle-même variable d'une langue à une autre), le phénomène par lequel les usagers d'une langue assimilent à leur culture des phénomènes naturels d'une manière différente. Je prends un exemple dans la possession des choses qui appartiennent de façon naturelle au locuteur, essentiellement les termes de parenté et les noms de parties du corps – qui sont possédées inaliénablement. Ainsi, en rennell, langue des îles Salomon, on a des paradigmes, très différents formellement, de possessifs pour appeler la fille et le fils. Ici encore le locuteur humain associe étroitement ces phénomènes, qui s'enracinent dans sa culture, à son mode de vie. La fille est donnée en mariage; le fils, au contraire, est regardé comme l'héritier des traditions culturelles et sociales de la tribu. Lorsqu'on donne sa fille en mariage, en échange on obtient une fille du village voisin. Les femmes sont donc des pèlerins de paix parce que lorsque deux villages longtemps en guerre échangent une femme, l'un touche une fille pour son fils et il donne sa fille à l'autre avec qui il était en guerre jusque-là. Puisqu'il donne sa fille et pas son fils, même une possession inaliénable sera marquée culturellement dans la langue par un possessif différent. Ceci n'est pas général : dans beaucoup de langues les paradigmes des possessifs pour "fils" et "fille" sont identiques; mais dans certaines langues ce sont des paradigmes différents. Prenons maintenant un autre cas, celui du dakota. Dans cette langue sioux, pour dire "mon coude" on se sert du paradigme avec *ma*, ce qui donne *ma-išpa*. Pour dire "ma bouche", on a un autre paradigme qui est *mi* d'où *mi-í*. La raison produite par les locuteurs, c'est que le coude est quelque chose sur quoi l'on n'a absolument aucun contrôle, tandis que les mouvements de la bouche sont sous mon contrôle absolu selon que j'ai envie de parler ou de me taire. Encore plus frappant, on se sert de *ma* ou de *mi* devant le même mot *íte* qui veut dire "visage", mais avec un sens différent. Si c'est le visage en tant que tel, on a le paradigme des objets possédés sans contrôle (*ma-íte*); si c'est le visage en tant qu'expression faciale, c'est-à-dire quelque chose qui est soumis à un certain contrôle du locuteur, on emploie le paradigme avec *mi*. Ceci me paraît un exemple particulièrement frappant de ce que j'appelle culturalisation du naturel. Les langues culturalisent le naturel et elles le font d'une façon variable.

Même phénomène pour les verbes de mouvement, variables de façon étonnante selon les langues et selon la manière dont le sujet human construit son monde culturel sur des données naturelles identiques. Le fait de se déplacer vers quelqu'un présuppose un certain nombre de processus de déplacement dans l'espace, de processus moteurs, qui sont identiques pour toute l'espèce humaine. Ce qui n'est pas la même chose, c'est l'expression qui s'en donne. Dans une langue comme l'espagnol, si on répond à *vendrás mañana a vernos* par *vendré*, c'est une faute. En revanche, en français, lorsqu'on vous demande *Est-ce que tu viendras nous voir demain* et vous répondez *j'irai*, tout le monde s'étonnera. Si vous dites en espagnol *iré*, personne ne s'étonnera. C'est là la manière dont le locuteur se place par rapport à l'interlocuteur en fonction de lui ou moi pris comme centre de référence.

En hébreu israélien, pour dire "L'homme est sorti de la maison", je peux dire *ha-iš yatsa min ha-bait* ou *ha-iš ba min ha-bait* Les deux sont possibles. Mais en hébreu biblique, on a (*Genèse*, XXX : 16) :

wayăbōʔ Yaᶜăqōb min haśade baᶜereb watēṣēʔ Lēʔa liqraʔtō

"Et Jacob arriva de la campagne le soir; Léa sortit alors à sa rencontre". Ici il est absolument impossible de dire *wayăbō̜* Jacob est pour nous le point de référence, mais en hébreu classique, à la grande différence de l'hébreu israélien (sur ce point les langues sont typologiquement tout à fait différentes, alors qu'elles sont lexicalement et génétiquement extrêmement proches), le critère ce n'est ni je, ni tu, ni ce dont je parle, c'est le mouvement de l'intérieur à l'extérieur ou le contraire. Par conséquent, bien que Léa vienne à la rencontre de Jacob et que Jacob, comme centre de référence, soit celui vers qui on vient, du fait qu'elle sort de la maison pour le faire, l'hébreu ne peut pas employer le verbe "venir". Par contre, en hébreu israélien, on peut utiliser *ba̜* ou *yatsa*, les deux sont parfaitement possibles.

Un autre exemple encore va dans le même sens. Le locuteur humain se sert de séquences et exploite, afin d'obtenir des différenciations d'expressions, les variations d'ordre des mots dues au fait qu'il y a un divorce absolu – aporie fondamentale dans la linguistique – entre la simultanéité contraponctique du réel et la nécessaire étendue dans la succession linéaire du langage. Le génie de Saussure est d'avoir mis le doigt sur la plus importante des dichotomies, celle entre la linéarité du signe et le monde extérieur, qui n'est pas linéaire mais en situation harmonique totale ou globalisée. Pour des raisons de flux temporel, la langue est dans l'étendue (au sens cartésien) : il faut bien qu'on soit soumis à la linéarité qui est celle de la production de la parole. Seulement, l'être humain en tire parti par des réponses séquentielles frappantes. Je suis intéressé par une différence en néerlandais que j'emprunte à KIRSNER (1985). KIRSNER dit que *dat is hem te moeilijk* (avec intonation moqueuse) implique qu'il s'agit de ce que lui pense et que ce n'est pas moi qui en parle. Je lui en laisse la responsabilité, d'où la traduction française : "il trouve cela trop difficile". En revanche *dat is te moeilijk voor hem* veut dire simplement "c'est trop difficile pour lui". (La première construction se rencontre uniquement avec des adjectifs ayant une relation avec la vie morale). Voilà un exemple de l'exploitation des latitudes séquentielles du néerlandais, inconnue du français et de l'anglais. On a ici donc affaire à un cas d'inversion séquentiel.

J'en viens au phénomène de la fameuse opposition ou, mieux, polarité verbo-nominale. Le locuteur humain a un très intéressant moyen à sa disposition dans la quasi-totalité des langues humaines. Il me semble qu'il est très difficile de trouver une langue humaine qui quelque part ne fasse pas d'opposition entre le verbe et le nom. Un autre problème est celui de savoir s'il ne s'agit pas plutôt d'une opposition entre prédicat et non-prédicat, qui sont des termes fonctionnels et non catégoriels (ce que sont verbe et nom). Laissons ce problème théorique qui nous mènerait trop loin. Si l'on m'accorde comme base de départ que l'horizon verbo-nominal est presque universel et qu'il a par conséquent vocation à être une caractéristique des langues humaines, il est intéressant de voir comment les langues se comportent vis-à-vis de la nominalisation. Quand je nominalise, je déprédicativise, par conséquent je réduis immanquablement les attributs de la puissance verbale. Il est exceptionnel qu'une langue humaine conserve pour la rection des actants, des circonstants, pour le temps, pour l'aspect, pour la voix, pour les modalités, toutes les caractéristiques des verbes quand elle nominalise. Ce qui est intéressant pour le linguiste c'est de voir comment les langues se comportent, comment le locuteur humain se comporte quand il déprédicativise, par concentration sur le nom, un énoncé verbal. Grâce à ce phénomène de déprédicativisation on peut densifier l'énoncé dans la mesure où l'on réduit par déconcentration un prédicat verbal à quelque chose qui va devenir un argument d'un autre prédicat. Par conséquent, la réduction à un nom, la nominalisation d'un verbe est un phénomène essentiel pour comprendre comment fonctionnent les langues humaines.

En russe on dit *pol'zovat'sja slovarëm* "se servir du dictionnaire"; le russe construit *pol'zovat'sja* avec l'instrumental. Quand il déprédicativise, il garde l'instrumental. En effet, le russe dit *pol'zovanie slovarëm* "utilisation avec le dictionnaire" et non pas "utilisation du dictionnaire". L'instrumental, la rection se conserve donc dans le nom dérivé du verbe. Cependant, le russe n'est pas capable de faire cela systématiquement. Il est possible de dire *čtenie Kapitala* "la lecture du Capital". On peut dire aussi *čtenie studentov* "la lecture des étudiants"; l'un est agent, l'autre patient. On peut donc déprédicativiser soit un agent, soit un patient; mais il est absolument impossible en russe de dire, avec une cascade de génitifs, *čtenie Kapitala studentov*, comme en français du reste. Il faut dire *čtenie Kapitala studentami* (avec un instrumental pluriel pour l'agent) "la lecture du Capital par les étudiants".

Voyons comment font d'autres langues. Si l'on étudie la manière dont se comporte le mandingue, parlé au Mali, au Niger et au Burkina Faso, on y observe ceci : pour "mon père", on dit *ɲ̀ fà:*; mon enfant, *ɲ̀ dīŋō* (possession inaliénable : possessif préposé *ɲ̀*). En revanche, on se sert d'un joncteur *lā* qui devient *nā* par assimilation, si l'on parle de possession contractuelle : mon esclave, je l'ai acheté, par conséquent on dira *ɲ̀ nā jòŋo*. Même chose pour la femme. Cette langue a deux façons de renvoyer à la femme : ou bien je suis étroitement attaché à ma femme et je dis *ā mùsō:*, sans joncteur; ou, s'il s'agit d'une femme que j'ai obtenue par contrat, avec vente de troupeaux, de bétail, avec une dot importante, je peux manifester cela iconiquement par un joncteur qui sépare le possesseur du possédé en disant *ā lā mùsō:*. Ceci se voit aussi dans la déprédicativisation d'énoncés entiers. Dans ces langues on a un verbe avec un prédicatif, c'est le *yē* ici (cf. aussi le cas du bambara). En mandingue, pour dire "tu l'as appelé", on a *ī yē ā kīlī:* (tu - prédicatif passé - lui - appeler) et naturellement *ā yē ī kīlī:* veut dire "il t'a appelé". Mais si l'on déprédicativise, si l'on réduit en structure nominale cet énoncé entier, on a ou bien *ī lā kīlī:-rō* ("ton appel" : tu as appelé) ou bien *ī kīlī:ò* ("ton appel" : tu es appelé). Autrement dit, dans un cas la possession est aliénable et dans l'autre la possession est inaliénable. Ici, je n'ai aucun joncteur (j'aurais pu mettre zéro) et là j'ai *lā*. Entre l'agent et le patient, quel est celui qui en réduction nominalisante est traité par la présence du joncteur ? Eh bien, c'est l'agent. Et le patient est traité sans joncteur. En effet, dans la plupart des langues humaines le lien entre le patient et le verbe transitif est beaucoup plus étroit que le lien entre l'agent – traité comme sujet en termes morphosyntaxiques – et le verbe. Autrement dit, une langue qui se sert dans la nominalisation des marques de possession aliénable et inaliénable va marquer comme inaliénable non pas l'agent mais le patient.

Que se passe-t-il si l'on interroge la manière dont sont conservés d'autres verbants (j'appelle verbants les morphèmes caractéristiques du verbe) ? On a des langues qui conservent sans réel problème les marques de patient sous la même forme qu'avec le verbe. En latin parlé, je trouve chez Plaute l'étrange formule *Quid tibi hanc rem curatio?* *Hanc rem*, accusatif, est traité comme complément de *curatio*, comme il le serait de *curare*. Tournure intéressante par laquelle Plaute, représentant au 3e siècle av. J.-C. un état de langue parlée, nous montre qu'on traite le complément de *curatio* non pas comme *huius rei*, mais comme *hanc rem*.

Ce phénomène latin est le même qu'on trouve dans d'autres langues. Ainsi, en avar j'ai *du-ca ṭex çal-ula* "tu-ergatif livre lire présent". Si je transpose ceci en nominalisation, *du-ca ṭex çal-i bugo çoq̇ čiḳab iš* "le fait que tu lises ce livre est une très bonne chose". L'agent de l'action de lire est resté marqué à l'ergatif. De même, en français on peut dire "la lecture par vous de ce livre". C'est pourquoi le francophone n'est pas étonné de voir que l'avar traite de la même façon l'agent lorsqu'on nominalise et dans l'énoncé à prédicat. (On ne change rien : la rection verbale est restée la même, on a une marque d'agent avec un verbe "être").

Je prends enfin un exemple thai. Si en thai je me sers des deux nominalisateurs qui sont *kā:n* et *khwà:m* , j'aurai deux sens différents. Avec le verbe *chuà* qui veut dire "croire" je peux mettre *kā:n*. Celui-ci veut dire "le fait de", parce que le nominalisateur *kā:n* indique le fait lui-même, correspondant à une notion d'imperfectivité. Le nominalisateur perfectif est *khwà:m*; celui-ci mis devant *chwà* indique le résultat de l'action de croire, c'est-à-dire la croyance ou la foi. Autrement dit, on va conserver dans le dérivé l'opposition entre deux marques perfectives-imperfectives donnant deux sens différents (*kā:n chwà*: fait de croire/ *khwà:m chwà*: croyance).

Une autre activité du locuteur, construisant ses marques d'expression, apparaît dans le traitement de l'aspect dans certaines langues. Une langue qui veut opposer le nom et le verbe peut le faire entre autres en assignant au nom des oppositions qui devraient être celles du verbe. Dans certains cas, il n'y a pas d'autre façon de rendre le perfectif et l'imperfectif comme opposition, ou ce qui serait l'action ponctuelle et l'action durative. En finnois on dit *Pekka luki läksy-n* "Pierre a lu une leçon"; *Pekka luki läksy-ä* "Pierre lisait une leçon". *läksy-n* est l'accusatif; *läksy-ä* est le partitif. Le finnois se sert du partitif du complément pour indiquer l'aspect du verbe : cette langue utilise à des fins d'indication de l'aspect verbal des flexions qui sont propres au nom. Le point d'incidence sémantique de l'opposition flexionnelle imputée au nom, c'est le verbe. Le partitif indique que le verbe est un duratif, tandis que l'accusatif indique une action finie.

Je citerai encore des homologies de traitement formel des relations du nom et du verbe avec leurs compléments, en renvoyant à la grammaire du yaka de Karel VAN DEN EYNDE (1968) et à sa thèse sur le cokwe (1960), ainsi qu'à un travail sur le Ntandu, dialecte du kikongo, par J. DAELEMAN (1983). Dans toutes ces langues bantoues nous avons un traitement tonal identique de la détermination verbale et nominale. DAELEMAN parle de *tone-case*, VAN DEN EYNDE parle – et ce terme est préférable – de *morphèmes tonals* (André COUPEZ utilise le terme *tonomorphèmes*). Il s'agit du phénomène étonnant en yaka d'après lequel l'indéterminé pour le nom et l'absolutif pour le verbe sont traités identiquement du point de vue tonal : tous les deux sont les formes de base non marquées. Le déterminé pour le nom et le sélectif pour le verbe – on voit le rapport sémantique – sont aussi traités identiquement du point de vue tonal par abaissement tonal. Le dépendant pour le nom et déterminatif pour le verbe sont aussi traités de façon identique par ton haut sur la première more du radical. On a affaire ici à une langue qui traite l'opposition verbo-nominale de façon absolument homologue, formellement, en considérant qu'un verbe qui appartient à une fonction relative est la même chose syntaxiquement qu'un complément de nom. Un verbe qui est indépendant est la même chose qu'un nom qui n'est pas déterminé. Quelle est la différence fondamentale et universelle entre le verbe et le nom ? En principe, le nom n'est pas prédicable, sauf dans les langues dites à prédicat nominal.

En hongrois, on dit *jó lenne többet tanulni-uk* qu'on peut traduire littéralement par "bon serait leur étudier (l'étudier de eux)", c'est-à-dire "il serait bon qu'ils étudient plus". Une langue peut donc repossessiver, c'est-à-dire renominaliser une structure infinitive qui est pourtant en train de s'approcher par sa polarité du pôle verbal.

Pour conclure, je proposerai un schéma de la polarité verbo-nominale.

N	N verbal	infinitif	gérondif	V

prédicativité-   +

actantialité +   -

Si l'on va du nom vers le verbe on va du moins prédicatif au plus prédicatif en passant par le nom verbal, l'infinitif et le gérondif. Je ne prétends pas bien sûr que ceci soit universel; il s'agit des cas dans lesquels c'est attesté. Les langues l'ont ou ne l'ont pas. Les langues ont un, deux, trois etc. des pôles notés ici. Si l'on va dans l'autre sens, celui de l'actantialité, le plus actantiel est le nom, le moins actantiel est le verbe et l'échelle d'actantialité va du plus ou moins.

Quant à ces étranges opérations, les locuteurs sont-ils capables de les passer au crible de la raison ou de la perception ? Pour répondre à la question, j'interroge les langues une fois de plus. J'interroge la coexistence en contiguïté sans exclusion du même morphème ou lexème de statut différent dans le même énoncé. Si un locuteur d'une langue donnée peut se servir en contiguïté, ou non nécessairement en contiguïté, sans exclusion, du même signifiant, du même morphème représentant deux strates historiques différentes dans le processus de grammaticalisation sans s'en apercevoir, alors c'est qu'il construit bel et bien des types différents, mais que la part consciente et lucide est très réduite.

Je commence par un exemple emprunté au finnois :

lentokoneet surisivat pää-mme päällä
"les avions vrombissaient au-dessus de nos têtes"

Ce qui est intéressant c'est que le finnois n'a pas d'autre façon de dire "au-dessus de" que *päällä* "sur la tête de". Il se sert donc de l'adessif *llä* qui régit un mot "tête", l'ensemble signifiant non plus "sur la tête de", mais "au-dessus de". Mais si l'élément régi lui-même par cet ensemble contenant déjà une rection interne est le mot "tête" lui-même, il n'y a pas d'autre façon de dire "au-dessus de nos têtes" que de dire *pää-mme päällä* "sur la tête de nos têtes". Pourtant, mes locuteurs finnois eux-mêmes n'avaient pas remarqué ce phénomène. En fait, il faut être un ignorant, un étranger pour avoir un regard extérieur. Cette coexistence sans exclusion dans le même énoncé de deux emplois, l'un morphématique, l'autre lexématique, du même signifiant est le résultat de deux strates historiques différentes mises ensemble en cumul.

Prenons maintenant un exemple hébreu :

lixvod kvod ha-rektor
"à son honneur le Recteur"

Le mot *kvod* "honneur" a fourni l'expression *lixvod* qui veut dire mot à mot "à l'honneur de". Si je dis *lixvod kvod ha-rektor*, je dis en fait "en honneur de son honneur le Recteur". Personne ne traduit par "à l'honneur" parce que *lixvod* veut dire "à". Ici aussi on a une contiguïté immédiate de deux mots qui sont les représentants de deux strates différentes.

4. CONCLUSIONS

J'ai voulu montrer essentiellement que le locuteur humain est un morphogénète. Le morphogénète construit sa langue en fonction de ses besoins, des pressions dans son entourage, des besoins suscités dans l'exercice de la parole par la confrontation interlocutoire, des pressions externes; mais il n'en a qu'une conscience très élémentaire. Le problème essentiel de la linguistique est de savoir comment on peut rendre compte d'une activité dont le résultat est là en face de nous disponible. Gustave Guillaume a toujours voulu étudier la manière dont un processus "d'engrammation" – le mot n'est pas de lui, mais de moi – des langues humaines donnait des opérations qui avaient pour résultat un énoncé. Chomsky et les générativistes ont essayé de s'intéresser plus aux processus d'encodage ou de production de la parole et par conséquent aux opérations qui sont effectuées lorsque la structure profonde permet de produire un énoncé qui sera la surface destinée à l'interlocuteur (donc plus un processus onomasiologique qu'un processus sémasiologique de décodage). La linguistique structurale française et avant elle américaine, au contraire, s'intéressait plutôt à un axe sémasiologique partant de l'énoncé comme un donné. Aucune de ces linguistiques, à ma connaissance, n'a jamais poussé jusqu'au bout son investigation, pour aboutir à ce qui pourtant reste à mes yeux fondamental, à savoir l'être humain. En effet, si la linguistique est une science humaine, si elle peut nous rendre service, c'est dans la mesure exacte où elle nous aide à mettre au clair des processus humains et la linguistique ne peut par conséquent participer aux sciences humaines que si, de façon très simple, elle nous apprend quelque chose sur l'homme. Peut-on apprendre quelque chose sur l'homme d'une hyperformalisation d'opérations qui sont largement inconscientes? Peut-on apprendre quelque chose sur l'homme d'une étude uniquement sociolinguistique où tout est défini en termes d'emprunt ou en termes de statistique? Je crois que ces voies sont utiles mais restent partielles. En revanche, il me semble qu'une voie qui a de l'intérêt et qui peut-être fournira un jour un certain éclairage, c'est celle qui, gardant constamment sous le regard de manière aiguë les langues comme objets culturels, historiques et sociaux, inscrits dans le devenir, changeant sans arrêt, essaie de percevoir derrière les langues une activité de construction largement inconsciente répondant aux besoins de l'individu et des sociétés.

En réponse à la question, "la linguistique est-elle une science naturelle ou une science historique ?", ADAM (1881) énumérait les positions de Hovelacque, Müller, Schleicher, Vinson qui y voyaient une science naturelle et de Whitney, pour qui il s'agissait surtout d'une science historique. Je dirais que pour moi aujourd'hui, la linguistique est à la fois une science naturelle et une science historique, et qu'elle est en outre une science axiomatique. Les langues sont des objets naturels fonctionnant dans le cadre social de l'interlocution. Ce sont en outre, pour cette raison même et du fait des pressions que créent les situations de communication et des besoins expressifs auxquels doivent répondre les locuteurs-auditeurs, pour moi des constructeurs de langues, des objets évolutifs, inscrits dans l'histoire. Ce sont enfin des objets d'axiomatique dans la mesure où l'acte d'interlocution suppose une série complexe d'opérations dont on doit étudier les propriétés universelles. Les malentendus entre écoles linguistiques viennent de ce que l'on privilégie l'une ou l'autre de ces dimensions. Il est certes difficile de les tenir toutes ensemble sous un même regard. Mais il me semble que c'est à quoi il convient de s'efforcer.

REFERENCES BIBLIOGRAPHIQUES

ADAM, L. 1881, *Les classifications, l'objet, la méthode, les conclusions de la linguistique*, Paris.

BICKERTON, D. 1980, *Roots of Language*, Ann Arbor.

DAELEMAN, J. 1983, "Tone-Groups and Tone-Cases in a Bantu Tone-Language", *I.T.L.* 60-61, 131-141.

HAGEGE, C. 1982, *La structure des langues*, Paris.

HAGEGE, C. 1985, *La langue palau, une curiosité typologique*, München.

KIRSNER, R.S. 1985, "Iconicity and Grammatical Meaning", HAIMAN J. (éd.), *Iconicity in Syntax*, 249-270, Amsterdam.

SLOBIN, D. 1986, "The Acquisition and Use of Relative Clauses in Turkic and Indo-European Languages", SLOBIN D.I. - ZIMMER K. (éds), *Studies in Turkish Linguistics*, 273-284, Amsterdam.

VAN DEN EYNDE, K. 1960, *Fonologie en morfologie van het Cokwe*, Leuven.

VAN DEN EYNDE, K. 1968, *Éléments de grammaire yaka. Phonologie et morphologie flexionnelle*, Kinshasa.

Collège de France
11 place Marcelin-Berthelot
F-75231 Paris
France

L'INTERDISCIPLINARITÉ FOURVOYÉE : LE DÉBAT CHOMSKY-SKINNER

P. SWIGGERS

F.N.R.S. belge

A Karel Van den Eynde
en hommage à sa façon authentique d'être linguiste

1.   Le propos de cet exposé est simple : il s'agit de montrer que le texte qui a paru dans les colonnes de *Language* vol. 35 (1959) – sous le titre *"Verbal behavior* by B.F. SKINNER (...) reviewed by Noam CHOMSKY" – n'est pas à proprement parler un compte rendu de l'ouvrage de SKINNER, et qu'il faut y voir plutôt une réaction critique à un livre qui a paru en 1960. Un compte rendu publié en 1959 d'un ouvrage paru en 1960 : le lecteur crierait pour moins à la camisole de force. Qu'on m'accorde toutefois un peu de répit, ne fût-ce que pour faire remarquer que l'ouvrage visé (en filigrane) par CHOMSKY est *Word and Object* de QUINE, dont des portions circulaient depuis 1956 dans les milieux de philosophes et de linguistes[1], ou avaient été publiées comme articles. Le lien même entre SKINNER et QUINE peut sembler moins évident à première vue (même si les deux ont été professeurs à Harvard), mais il devient très net si l'on examine la conception de l'apprentissage de mots dans la langue

---

*   Texte remanié d'un exposé fait en mai 1990 devant le Groupe de contact F.N.R.S. "Épistémologie et méthodologie des études comparatives". Je tiens à remercier MM. Guy JUCQUOIS, Karel VAN DEN EYNDE et Willy VAN HOECKE de leurs remarques. Je voudrais remercier aussi Henry HIŻ (Philadelphie), avec qui j'ai pu discuter, à mon grand profit, l'idée de base de ce travail.

1   Cf. QUINE (1960, IX-X): "My six Gavin David Young Lectures in Philosophy at the University of Adelaide, June 1959, will have consisted of portions of this book. Similarly for various of my lectures at the University of Tokyo in July and August. An abridgment of the last chapter figured as the Howison Lecture in Philosophy at the University of California in Berkeley, May 1959, and parts of Chapters II through VI went to make up five lectures that I gave at Stanford University in April. A year earlier I drew on the work in progress for my paper at the fourth Colloque Philosophique de Royaumont and for my presidential address to the Eastern Division of the American Philosophical Association. The year before that, 1956-57, I presented portions of interim versions of Chapter II as single lectures at four institutions: Princeton University, the Institute for Advanced Study, Columbia University, and the University of Pennsylvania".

maternelle chez QUINE. Ainsi, dans le chapitre 3 – chapitre central – de *Word and Object*, intitulé "The Ontogenesis of Reference", QUINE développe des vues sur l'acquisition du langage qu'il rattache directement aux idées de SKINNER (telles que celui-ci les expose dans *Verbal Behavior*)[2]. Voici, en résumé, l'essence de cette théorie[3].

L'enfant commence son "entrée au langage" par une période de babillage, un comportement vocal aléatoire, qui offre aux parents (ou à l'entourage) des occasions de "renforcement" (*reinforcement*; *reinforcing*). Le babillage doit être considéré comme un comportement opérant (*operant behavior*), émission contingente et non élicitée[4]. Ce comportement peut être renforcé (au début, il le sera le plus souvent de façon positive et non de façon aversive), c'est-à-dire qu'une "récompense" (mots doux de la mère, caresses, présentation de nourriture, etc.) suit l'émission de sons vocaux (par ex. "*Maman*"). Un contexte de stimulation récurrent a ainsi été créé : l'enfant percevra comme stimulus des facteurs qui étaient présents lors de la première émission sonore. Il est important de noter que pour QUINE les débuts du langage sont essentiellement une affaire de mimétisme : l'enfant essaiera de reproduire le mot/les sons qu'il s'est entendu prononcer la première fois avant le renforcement positif, dans des circonstances qui, par la récurrence des stimulus primitifs, offrent une occasion de renforcement nouveau[5].

La spécificité de l'apprentissage de mots réside dans le fait que l'enfant doit acquérir un usage actif et passif, qu'il doit établir une correspondance (dans le comportement) entre emploi et mention de mots. Cette acquisition passe par l'imitation : "The beginnings of mimicry are thus in the very beginnings of word learning: and so is ambiguity, or homonymy, as between use and mention of words" (QUINE, 1960, 81). L'acquisition du langage suppose ainsi une imitation complexe : celle des sons entendus dans l'entourage et celle des sons prononcés (par imitation !) lors d'une première

---

[2] Cf. QUINE (1960, 80, 82).

[3] Sur les conceptions linguistiques et épistémologiques de QUINE, et tout particulièrement celles exposées dans *Word and Object*, voir les appréciations critiques dans DAVIDSON - HINTIKKA (éds 1969); ce volume contient une critique de CHOMSKY et une réplique de QUINE (p. 53-68 et 302-311; on y ajoutera QUINE, 1972).

[4] Ce qui ne veut pas dire que ce comportement n'a pas de "cause".

[5] La récurrence n'est jamais parfaite, et elle comporte aussi des stratégies de sélection parmi les facteurs interprétés/interprétables comme stimulus: "That original utterance of 'Mama' will have occurred in the midst of sundry stimulations, certainly; the mother's face will not have been all. There was simultaneously, we may imagine, a sudden breeze. Also there was the sound 'Mama' itself, heard by the child from his own lips. Hence the effect of the reward will be to make him tend to say 'Mama' in the future not only on seeing the approaching face, but likewise on feeling a breeze or hearing 'Mama'. The tendency so to respond to subsequent breezes will die out for lack of further reward on later occasions; the tendency so to respond to the heard word 'Mama', however, will continue to be rewarded, for everyone will applaud the child's seeming mimicry. So really the stimuli to saying 'Mama' which continue to be reinforced are of two very different kinds: the seen face and the heard word" (QUINE, 1960, 81).

émission à renforcement positif[6]. La différence essentielle entre les deux composantes est que la "réaction" aux sons entendus n'est pas (nécessairement) vocale, et que le côté réceptif se prête facilement à une manipulation.

Dans l'optique de QUINE et de SKINNER, c'est l'imitation qui guide l'acquisition du langage, avec comme donnée particulière le fait que la production de nouveaux énoncés devient à un certain moment indépendant du comportement opérant. Dans le développement du langage, l'enfant apprend plusieurs choses :

(I) les "modes" de référence des termes : l'opposition entre termes singuliers, termes à référence divisée, et termes généraux. Cette opposition est apprise à travers des observations de comportements linguistiques (de mots) :

(1)   *This is Mama/Daddy*
(2)   *This is water*
(3)   *This is an apple*
(4)   **Is there some Mama ?*
(5)   *Do you want more water ?*
(6)   *Would you care for some apple in your salad ?*
(7)   **Take a water*
(8)   *Mama is angry*

(II)   l'emploi de termes "démonstratifs singuliers" et de descriptions définies :

(9)   *this apple/the apple*
(10) *this/that*

(III) la construction de termes généraux par la jonction attributive de termes généraux : à partir d'ici on peut construire des termes sans référence (définie)

(11) *square apple*
(12) *this square apple*
(13) *the flying horse*

(IV) l'application de termes relatifs à des termes généraux ou singuliers

(14) *smaller than that stick*

À ce dernier niveau, on peut construire de nouvelles désignations, et on élargit de cette façon le domaine de référence.

---

6   Cf. ce que SKINNER (1957, 10) dit à propos de *composed behavior*.

L'élaboration de ce comportement est décrite comme un processus d'analogie : "The mechanism is of course analogy, and more specifically extrapolation" (QUINE, 1960, 109).

Ceci peut suffire comme esquisse générale de la position de QUINE (et de SKINNER), et il est temps maintenant de se tourner vers le texte de CHOMSKY.

2. D'abord deux mots à propos de l'aspect d'interdisciplinarité (éventuelle). SKINNER présente son ouvrage comme une étude du comportement verbal : celui-ci peut être défini comme une action, par des moyens linguistiques, qui entraîne des conséquences (celles-ci engendrant à leur tour de nouvelles actions).

> "Men act upon the world, and change it, and are changed in turn by the consequences of their action. Certain processes, which the human organism shares with other species, alter behavior so that it achieves a safer and more useful interchange within a particular environment. When appropriate behavior has been established, its consequences work through similar processes to keep it in force. If by chance the environment changes, old forms of behavior disappear, while new consequences build new forms.
> Behavior alters the environment through mechanical action, and its properties or dimensions are often related in a simple way to the effects produced" (SKINNER, 1957, 1).

SKINNER constate que le comportement verbal a fait l'objet d'approches diverses : approches rhétorique, logique, grammaticale, littéraire, mathématique, pathologique, etc. Celles-ci n'ont jamais pris en compte l'analyse causale du comportement. Selon SKINNER, cela explique que les descriptions de type sémantique (où l'on recourt à des significations, des idées, des représentations, des images, etc.) ont largement prévalu : c'est le moyen le plus facile d'échapper au contrôle empirique. Seule la psychologie, en tant que science expérimentale du comportement, offrait un point d'appui :

> "The final responsibility must rest with the behavioral sciences, and particularly with psychology. What happens when a man speaks or responds to speech is clearly a question about human behavior and hence a question to be answered with the concepts and techniques of psychology as an experimental science of behavior" (SKINNER, 1957, 5).

Reste que ce recours à la psychologie ne doit pas nous faire oublier que la psychologie, elle aussi, a été envahie par un vocabulaire mentaliste :

> "Together with other disciplines concerned with verbal behavior, psychology has collected facts and sometimes put them in convenient order, but in this welter of material it has failed to demonstrate the significant relations which are the heart of a scientific account. For

reasons which, in retrospect, are not too difficult to discover, it has been led to neglect some of the events needed in a functional or causal analysis" (SKINNER, 1957, 5).

Résumons donc la position de SKINNER : il s'agit d'expliquer le comportement verbal (qu'on ne peut séparer du comportement global; SKINNER, 1957, 7), en le décrivant en termes fonctionnels, c'est-à-dire en identifiant (a) les variables (contrôlantes et multiples) du comportement verbal, (b) les stratégies permettant de manipuler ce comportement verbal, (c) les mécanismes intervenant dans la production verbale. Cette analyse fonctionnelle porte sur le discours réel (dans un contexte global) et SKINNER insiste sur le caractère dynamique du comportement observé : ainsi, il parle des phénomènes de débit, de l'intonation, de la répétition et de la fréquence qui caractérisent les "réponses" (un énoncé verbal est toujours une réponse, entraînant une conséquence). L'observation de fréquences implique, nécessairement, que le modèle explicatif est probabiliste (ce que SKINNER ne relève qu'au passage)[7].

3. L'ouvrage de SKINNER offrait donc, pour ainsi dire, une invitation à un parcours interdisciplinaire, où linguistes et psychologues essaieraient d'expliquer le comportement verbal. Cela est d'autant plus patent, que la partie IV de l'ouvrage, "The Manipulation of Verbal Behavior", qui est la plus "grammaticale", est la moins développée. Evidemment, invitation à la recherche interdisciplinaire ne signifie pas obligation ou contrainte, et il serait mal venu d'en vouloir à CHOMSKY pour avoir critiqué le modèle de SKINNER. Or, ce n'est pas le rejet même du modèle skinnérien par CHOMSKY qui importe ici, mais bien la stratégie, particulièrement intéressante, qui le sous-tend. Je tiens donc à signaler d'emblée que dans ce qui suit il ne s'agira pas de jauger les mérites respectifs du béhaviorisme (que ce soit celui de SKINNER ou celui de QUINE) ou du mentalisme chomskyen, ni d'examiner dans quelle mesure certaines théories psychologiques modernes, comme le connectionnisme, permettent de réhabiliter (du moins en partie) le béhaviorisme. Je me limiterai aux stratégies d'argumentation de CHOMSKY, que je rattacherai à des publications ultérieures.

Notons d'abord que CHOMSKY commence son compte rendu par un rappel de l'opposition entre ceux qui croient à la contribution spécifique de l'organisme (dans l'apprentissage et dans la performance) et ceux qui nient

---

7   SKINNER (1957, 28): "But we need to move from the study of frequencies to a consideration of the probability of a single event. The problem is by no means peculiar to the field of behavior. It is a basic one wherever the data of a science are probabilistic, and this means the physical sciences in general. Although the data upon which both the layman and the scientist base their concepts of probability are in the form of frequencies, both want to talk about the probability of a single forthcoming event. In later chapters in this book we shall want to consider the way in which several variables, combining at a given time, contribute strength to a given response. In doing so we may appear to be going well beyond a frequency interpretation of probability, yet our evidence for the contribution of each variable is based upon observations of frequencies alone".

cette contribution[8]. SKINNER est rangé dans cette dernière classe, alors que l'auteur n'explicite à aucun endroit de son livre sa position à ce propos, et que les seuls passages qui sont pertinents dans cette optique (comme par ex. le passage à propos de l'acquisition d'activités par des organismes, à la suite de processus de sélection; SKINNER, 1957, 107-109) militent plutôt en faveur de la reconnaissance d'un rôle important (bien que non inné) de l'organisme. Dans son ouvrage *About behaviorism* (SKINNER, 1974), SKINNER a d'ailleurs rectifié les distorsions qu'on fait subir au béhaviorisme; il y fait remarquer à juste titre que le béhaviorisme n'est pas la science du comportement humain : c'est *la philosophie de cette science*. CHOMSKY, à ma connaissance, n'a jamais relevé cette distinction épistémologique. Dans la conclusion de *About behaviorism*, SKINNER aborde le problème de l'organisme : "Methodological behaviorism and certain versions of logical positivism could be said to ignore consciousness, feelings, and states of mind, but radical behaviorism does not thus "behead the organism"; it does not "sweep the problem of subjectivity under the rug"; it does not "maintain a strictly behavioristic methodology by treating reports of introspection merely as verbal behavior"; and it was not designed to "permit consciousness to atrophy" (SKINNER, 1974, 219).

À la lumière de ces affirmations très explicites – qui en fait caractérisent de façon fidèle la position de SKINNER dans l'ouvrage de 1957 –, on est surpris de lire chez CHOMSKY que son examen détaillé de *Verbal Behavior* aboutit à la conclusion que le béhaviorisme est une analyse grossière et superficielle du comportement humain, dont la complexité aurait été sérieusement sous-estimée :

"Careful study of this book (and of the research on which it draws) reveals, however, that these astonishing claims are far from justified. It indicates, furthermore, that the insights that have been achieved in the laboratories of the reinforcement theorist, though quite genuine, can be applied to complex human behavior only in the most gross and superficial way, and that speculative attempts to discuss linguistic behavior in these terms alone omit from consideration factors of fundamental importance that are, no doubt, amenable to scientific study, although their specific

---

8 CHOMSKY (1959, 27): "It is important to see clearly just what it is in Skinner's program and claims that makes them appear so bold and remarkable. It is not primarily the fact that he has set functional analysis as his problem, or that he limits himself to study of 'observables', i.e. input-output relations. What is so surprising is the particular limitations he has imposed on the way in which the observables of behavior are to be studied, and, above all, the particularly simple nature of the 'function' which, he claims, describes the causation of behavior. One would naturally expect that prediction of the behavior of a complex organism (or machine) would require, in addition to information about external stimulation, knowledge of the internal structure of the organism, the ways in which it processes input information and organizes its own behavior. These characteristics of the organism are in general a complicated product of inborn structure, the genetically determined course of maturation, and past experience. Insofar as independent neurophysiological evidence is not available, it is obvious that inferences concerning the structure of the organism are based on observation of behavior and outside events".

character cannot at present be precisely formulated. Since SKINNER's work is the most extensive attempt to accommodate human behavior involving higher mental faculties within a strict behaviorist schema of the type that has attracted many linguists and philosophers, as well as psychologists, a detailed documentation is of independent interest. The magnitude of the failure of his attempt to account for verbal behavior serves as a kind of measure of the importance of the factors omitted from consideration, and an indication of how little is really known about this remarkably complex phenomenon" (CHOMSKY, 1959, 28).

Voilà ce qu'on peut lire à la fin de la première section du compte rendu de CHOMSKY. Le passage suggère – et je crois que cette interprétation ne sera contestée par personne – que CHOMSKY démontre, dans ce compte rendu, l'inadéquation du modèle béhavioriste, incapable de faire justice à la complexité du comportement verbal. Et c'est bien ce que la postérité retiendra. Ainsi, on lit chez John LYONS, dans son ouvrage sur CHOMSKY, que CHOMSKY a pris ses distances à l'égard du béhaviorisme bloomfieldien et skinnérien.

"In the year that *Syntactic Structures* was published, B.F. SKINNER's *Verbal Behavior* also appeared; and it was reviewed in due course by CHOMSKY. SKINNER (who is Professor of Psychology at Harvard University) is one of the most eminent and most influential advocates of behaviourist psychology alive at the present time; and his book constitutes the most detailed attempt that has yet been made to account for the acquisition of language within the framework of behavioristic 'learning theory'. CHOMSKY's review is now a classic, in which he not only subjects SKINNER's book to a penetrating examination, but at the same time reveals his own mastery of the relevant psychological literature (...) CHOMSKY's criticisms of behaviourism are undoubtedly valid" (LYONS, 1970, 84-85).

Et Jacques MEHLER (1979) écrit sans ambages :

"Les positions de CHOMSKY sont encore plus violemment anti-empiristes, dans la mesure où il adhère presque sans réserve aux vues nativistes. Cette prise de position en faveur de l'inné lui permet de s'engager dans une argumentation très polémique vis-à-vis des béhavioristes. Dans son résumé [sic] du *Verbal Behaviour* [sic] de SKINNER, il a montré dans les plus petits détails que le positivisme et l'empirisme lui semblaient faux en tant que positions philosophiques, indéfendables en tant que positions psychologiques et totalement inacceptables comme théories des sciences naturelles. Il a démontré en ce sens que les notions impliquées dans la chaîne stimulus-réponse étaient définies circulairement et qu'elles étaient sans utilité, même à un niveau descriptif. Par une démonstration formelle, il a montré qu'en raison de leur degré de complexité les règles du type S-R (stimulus-réponse) ne pouvaient rendre compte de beaucoup de capacités humaines telles que le langage, la résolution de problèmes, etc. CHOMSKY a affirmé, de plus, qu'on ne pourrait faire avancer nos conceptions théoriques qu'en prenant très précisément le contre-pied des positions empiristes, c'est-à-dire en rejetant l'idée qu'une théorie doit être constituée seulement avec des observables, et, plus spécifiquement, en niant que toute acquisition doit être attribuée à l'action de l'environnement sur celui qui est en train d'apprendre" (MEHLER, 1979, 494-495).

Cette appréciation, même si on fait la part à la vocation de thuriféraire, est pour le moins curieuse, vu que (1) CHOMSKY, dans le compte rendu en question, ne vise le béhaviorisme qu'en tant qu'explication du comportement verbal (et en fait, comme on le verra ci-après, il infléchit cette problématique vers l'acquisition de la compétence grammaticale), (2) nulle part SKINNER avance sa position comme une théorie des sciences naturelles, (3) SKINNER ne parle pas de "règles de type S-R", mais qu'il décrit des types de comportements verbaux, en tant que réponses entraînant des conséquences, et comme s'insérant dans un contexte de variables (contrôlantes et multiples) à valeur causale (= fonctionnelle)[9], et (4) SKINNER ne veut pas rendre compte de "capacités humaines telles que le langage, la résolution de problèmes": son propos est de fournir une analyse fonctionnelle du comportement verbal observé en contexte.

4. Cette dernière observation nous permet d'ailleurs de revenir à "l'échange" CHOMSKY-SKINNER. Il faut à ce propos distinguer entre deux couches d'argumentation dans le compte rendu publié dans *Language* 35 (1959). Le premier est celui où CHOMSKY, en s'appuyant sur le texte de SKINNER, critique un certain nombre de notions telles que

(1) *stimulus* (CHOMSKY, 1959, 30-32) : cette notion serait trop générale, trop vague (et dans certains cas on voit mal quel serait le stimulus d'une émission sonore)[10];

---

9 Cf. SKINNER (1957, 10): "The direction to be taken in an alternative approach is dictated by the task itself. Our first responsibility is simple description: what is the topography of this subdivision of human behavior? Once that question has been answered in at least a preliminary fashion we may advance to the stage called explanation: what conditions are relevant to the occurrence of the behavior - what are the variables of which it is a function? Once these have been identified, we can account for the dynamic characteristics of verbal behavior within a framework appropriate to human behavior as a whole. At the same time, of course, we must consider the behavior of the listener. In relating this to the behavior of the speaker, we complete our account of the verbal episode.
But this is only the beginning. Once a repertoire of verbal behavior has been set up, a host of new problems arise from the interaction of its parts. Verbal behavior is usually the effect of multiple causes. Separate variables combine to extend their functional control, and new forms of behavior emerge from the recombination of old fragments. All of this has appropriate effects upon the listener, whose behavior then calls for analysis".

10 SKINNER (1957, 31) reconnaît d'ailleurs de tels cas. Cf. aussi le statut des *"mands"* chez SKINNER.

(2) *réponse* (CHOMSKY, 1959, 33-34) : SKINNER n'offre pas de critères de délimitation de la réponse (ou de l'unité opérante);

(3) *probabilité* (CHOMSKY, 1959, 34-35) : cette notion serait un expédient permettant d'éviter des concepts comme "intérêt", "croyance" ou "intention";

(4) *renforcement* (CHOMSKY, 1959, 36-39) : cette notion n'aurait pas de contenu empirique.

"It can be seen that the notion of reinforcement has totally lost whatever objective meaning it may ever have had. Running through these examples, we see that a person can be reinforced though he emits no response at all, and that the reinforcing 'stimulus' need not impinge on the 'reinforced person' or need not even exist (it is sufficient that it be imagined or hoped for)" (CHOMSKY, 1959, 37-38).

Ces critiques sont justifiées, du moins en partie. Il est vrai que SKINNER ne prend guère soin de définir les notions de "stimulus" et de "réponse" (cela n'est pas le cas pour *reinforcement*, cf. SKINNER, 1957, 29 : "Any operant, verbal or otherwise, acquires strength and continues to be maintained in strength when responses are frequently followed by the event called "reinforcement". The process of "operant conditioning" is most conspicuous when verbal behavior is first acquired. The parent sets up a repertoire of responses in the child by reinforcing many instances of a response"). D'autre part, le concept de probabilité n'est pas "obscur" (*pace* CHOMSKY, 1959, 34) chez SKINNER[11] : il a un contenu difficile à définir – mais cela tient à la complexité du comportement verbal – et dans le système de SKINNER c'est un concept du statut circulaire, comme toute notion axiomatique.

De plus, je souscris à la critique que SKINNER n'a pas rigoureusement défini les unités de comportement verbal. Mais on notera qu'il pose le problème de la segmentation (SKINNER, 1957, 20; cf. CHOMSKY, 1959, 33). Et là où CHOMSKY renvoie à l'intérêt que portent les linguistes au "problem of identifying units in verbal behavior" (CHOMSKY, 1959, 33), le linguiste CHOMSKY n'indique nullement comment l'approche linguistique et l'approche psychologique pourraient se prêter un secours mutuel. Il est d'ailleurs important de noter que SKINNER, dans un passage que CHOMSKY ne cite pas d'ailleurs, distingue très nettement entre les buts d'une analyse grammaticale ou

---

[11] "Some parts of a verbal repertoire are more likely to occur than others. This likelihood is an extremely important, though difficult, conception. Our basic datum is not the occurrence of a given response as such, but the probability that it will occur at a given time. Every verbal operant may be conceived of as having under specified circumstances an assignable probability of emission - conveniently called its "strength". We base the notion of strength upon several kinds of evidence" (SKINNER, 1957, 22). Sur les difficultés de l'analyse probabiliste de comportements discursifs en contexte, voir SKINNER (1957, 28, cité ci-dessus).

linguistique et ceux d'une analyse du comportement verbal[12]. Enfin, on ne peut suivre CHOMSKY quand il passe de la critique du caractère vague des concepts descriptifs à leur interprétation comme de purs masquages de termes "mentalistes":

> "The talk of 'stimulus control' simply disguises a complete retreat to mentalistic psychology" (CHOMSKY, 1959, 32); "I think it is evident, then, that SKINNER's use of the terms 'stimulus', 'control', 'response', and 'strength' justify the general conclusion stated in the last paragraph of § 2 above. The way in which these terms are brought to bear on the actual data indicates that we must interpret them as mere paraphrases for the popular vocabulary commonly used to describe behavior, and as having no particular connection with the homonymous expressions used in the description of laboratory experiments. Naturally, this terminological revision adds no objectivity to the familiar 'mentalistic' mode of description" (CHOMSKY, 1959, 36).

De tels passages – prenant comme objet des notions utilisées par SKINNER – assurent la transition vers ce que je considère comme la deuxième couche du compte rendu de CHOMSKY. Celle-ci porte sur l'acquisition du langage (*language learning*), et elle constitue un plaidoyer subreptice pour une analyse de la compétence du locuteur, en tant que système de règles innées :

> "The behavior of the speaker, listener, and learner of language constitutes, of course, the actual data for any study of language. The construction of a grammar which enumerates sentences in such a way that a meaningful structural description can be determined for each sentence does not in

---

12 SKINNER (1957, 335-336): "It is not enough to point to the presence of autoclitic forms in a language. What are the processes which lead to their omission? Here again we must make a distinction between the purposes of a linguistic or grammatical analysis and an analysis of verbal behavior. A very important property of the verbal operant of Part II is its size. We have only to demonstrate a unitary contingency of reinforcement to suggest the unitary function of a part of verbal behavior. Frequently the part does not correspond to a lexical or grammatical unit. Although *boy* and *hat* may upon appropriate occasions be simple tacts, it does not follow that *the boy's hat* is therefore a compound expression. It may have a simple functional unity. In the response *the book on the table* the phrase *on the table* may have the same simple dynamic control exercised by a property of the environment exemplified by the response *red* in *the red book*. Indeed, the whole expression *the book on the table* or *the red book* may function as a unit. The behavior of the lumber-camp cook in calling *Come and get it!* is as unitary as the response *Food!* or the ringing of a large metal triangle. We do not need to analyze grammatical or syntactical processes in accounting for such behavior. *Tally ho!* is the equivalent of *There's a fox!* and it would be idle to speculate about the function of the fragment *ho* or *There's* in the behavior of the current speaker. We can imagine a situation in which the response *There's a fox!* would require grammatical analysis, although this is unlikely in the case of *Tally ho!* In general, as verbial behavior develops in the individual speaker, larger and larger responses acquire functional unity, and we need not always speculate about autoclitic action when a response appears to include an autoclitic form. It also seems reasonable to suppose that, as a verbal environment undergoes historical development, it reinforces larger and larger units. At least, the environment must be prepared to reinforce larger units as units before the parallel process will occur in the development of the individual speaker".

itself provide an account of this actual behavior. It merely characterizes abstractly the ability of one who has mastered the language to distinguish sentences from nonsentences, to understand new sentences (in part), to note certain ambiguities, etc. These are very remarkable abilities. We constantly read and hear new sequences of words, recognize them as sentences, and understand them. It is easy to show that the new events that we accept and understand as sentences are not related to those with which we are familiar by any simple notion of formal (or semantic or statistical) similarity or identity of grammatical frame. Talk of generalization in this case is entirely pointless and empty. It appears that we recognize a new item as a sentence not because it matches some familiar item in any simple way, but because it is generated by the grammar that each individual has somehow and in some form internalized. And we understand a new sentence, in part, because we are somehow capable of determining the process by which this sentence is derived in this grammar" (CHOMSKY, 1959, 56).

Pour CHOMSKY, la "grammaire" (ou la composante grammaticale) doit être posée comme une partie du comportement du locuteur; en tant que connaissance, la grammaire (compétence grammaticale) n'est pas directement observable, mais elle peut être inférée à partir d'actes physiques (phrases concrètes énoncées par le locuteur). Il est intéressant de voir que c'est cette idée – qui est l'affirmation d'une thèse propre à CHOMSKY (et non une réfutation de SKINNER !) est présentée comme une contribution interdisciplinaire, non bien sûr par rapport aux travaux de SKINNER, mais par rapport à des travaux de LASHLEY, BRUNER, GOODNOW et AUSTIN.

"Anyone who seriously approaches the study of linguistic behavior, whether linguist, psychologist, or philosopher, must quickly become aware of the enormous difficulty of stating a problem which will define the area of his investigations, and which will not be either completely trivial or hopelessly beyond the range of present-day understanding and technique. In selecting functional analysis as his problem, SKINNER has set himself a task of the latter type. In an extremely interesting and insightful paper, K.S. LASHLEY[13] has implicitly delimited a class of problems which can be approached in a fruitful way by the linguist and psychologist, and which are clearly preliminary to those with which SKINNER is concerned (...) It is not easy to accept the view that a child is capable of constructing an extremely complex mechanism for generating a set of sentences, some of which he has heard, or that an adult can instantaneously determine whether (and if so, how) a particular item is generated by this mechanism, which has many of the properties of an abstract deductive theory. Yet this appears to be a fair description of the performance of the speaker, listener,

---

13 Notons que LASHLEY (1951) définit lui-même la structure syntaxique comme "a generalized pattern imposed on the specific acts as they occur"; son appui sur des "integrative processes" n'est pas en contradiction avec une position comme celle de SKINNER.

and learner. If this is correct, we can predict that a direct attempt to account for the actual behavior of speaker, listener, and learner, not based on a prior understanding of the structure of grammars, will achieve very limited success (...) The fact that all normal children acquire essentially comparable grammars of great complexity with remarkable rapidity suggests that human beings are somehow specially designed to do this, with data-handling or 'hypothesis-formulating' ability of unknown character and complexity" (CHOMSKY, 1959, 55, 57).

Voilà la thèse, et CHOMSKY reconnaît qu'il n'a pas (en 1959) de preuves linguistiques suffisantes pour l'étayer. Mais on se demande ce que cette thèse vient faire dans ce qui est censé être un compte rendu de *Verbal Behavior*. En effet, l'ouvrage de SKINNER n'aborde guère le problème de l'acquisition du langage. SKINNER ne renvoie que très rarement au langage enfantin, et l'objectif de son travail est de décrire le comportement verbal en contexte concret, comme une réponse fonctionnellement liée à des variables. Ces variables sont divisées en variables contrôlantes et en variables multiples. Les premières, les variables contrôlantes, sont établies à partir d'une analyse typologique des signaux émis en corrélation avec un stimulus (le cas du *mand* est en ce sens spécial qu'il n'y a pas de stimulus antérieur fonctionnel – à la rigueur on pourrait considérer le *mand* même comme le stimulus d'une attente). Voici les six types de relations fonctionnelles que SKINNER reconnaît comme variables contrôlantes :

(1) le *mand* : (ordre, question, conseil, requête, etc.)

(2) le *tact* : (réaction à l'ostension d'un objet, à l'apparition soudaine d'un objet)

(3) l'*echoic behavior* : répétition de mots, phrases (prononcés par un autre locuteur)

(4) le *textual behavior* : lecture de mots et de phrases

(5) l'*intraverbal behavior* : relation (de synonymie, de paraphrase) entre les mots

(6) l'*audience* : le public en tant qu'il "cause" un choix de code linguistique, un choix d'une variété de langue (SKINNER relève l'existence de sous-langages, cf. SKINNER, 1957, 173, 272), et le choix d'un sujet de conversation.

On pourrait, me semble-t-il, reprocher à SKINNER de ne pas avoir envisagé une hiérarchie entre ces variables (c'est une critique qu'on ne relève pas chez CHOMSKY), et on peut certes le critiquer, comme le fait CHOMSKY, d'avoir utilisé ces termes dans un sens très large (cela est certainement le cas des notions *"mand"*, *"tact"* et *"intraverbal behavior"*), mais cela tient en partie au fait que SKINNER se limite à des classifications qui ne font intervenir que le rapport entre réponse et conséquence, entre réponse et stimulus antérieur, ainsi que la nature du rapport contrôlant (contrôle d'une réponse discrète, ou d'une classe de réponses, comme c'est le cas de l'*audience*). On pourrait aussi reprocher à SKINNER de ne pas avoir assis son analyse des variables du type *mand* sur une typologie rigoureuse des verbes (mais là aussi on tiendra compte du fait que l'auteur distingue analyse linguistique et analyse du comportement; d'autre part, la typologie qu'il propose est intéressante du point de vue historique, vu qu'elle préfigure la classification des actes du langage et des classes de performatifs chez AUSTIN et SEARLE).

Mais on ne saurait reprocher à SKINNER d'avoir mal posé le problème de l'apprentissage du langage – vu qu'il ne pose pas ce problème dans *Verbal Behavior* –, ni d'avoir méconnu la complexité du comportement verbal – vu qu'il mentionne explicitement les causes multiples (cf. aussi ses remarques sur le rôle de l'audience), et qu'il reconnaît des extensions de certaines variables (c'est le cas des *extended tacts* : *tacts* par extension générique, *tacts* par extension métaphorique, *tacts* par extension métonymique, etc.)[14]. De plus, l'étude du comportement inclut aussi les réponses à un comportement fictif ou à un comportement futur (ce qui fait intervenir une part de créativité, si l'on veut). Enfin, SKINNER ne néglige pas – comme on l'a vu – les facteurs marquant le message réalisé, tels que débit, hauteur, intonation, fréquence des réponses (et le moins qu'on puisse dire c'est que la grammaire générative n'a pas fourni de description systématique de ces aspects), et il signale d'ailleurs que l'analyse qu'il propose n'est pas exhaustive ni définitive :

"This is not an exhaustive treatment of verbal responses which describe the behavior of the speaker. The field is almost unexplored – possibly because in almost every case such behavior is controlled in part by private stimuli. Some of the most curious facts concern instances in which such behavior is impossible : the individual cannot describe his own behavior, past, present, or future, or the variables of which it is a function. What is needed is an analysis of the techniques through which the verbal community establishes verbal behavior based upon such events. As we shall see, this is crucial for the production of larger samples of verbal behavior and especially for what is called verbal thinking. A study of these practices might make it possible to develop a better "memory for past events", better techniques of observation for future use, better techniques of recall, and a better manipulation of one's own behavior in problem-solving and productive thinking. It might also yield therapeutic advantages which the layman would describe as an increase in the awareness of, or understanding of, oneself.

---

14 Il me semble toutefois que les types d'extension métaphorique et métonymique relèvent du niveau intraverbal (et non du *tact* à proprement parler).

Until we have this better understanding of the variables which control responses descriptive of the behavior of the speaker, we can at least accept the fact that such responses are established in most verbal communities, that they are useful as a source of data in the social sciences, and in particular that they may be used in interpreting a substantial part of the field of verbal behavior" (SKINNER, 1957, 145-146).

5. La critique de CHOMSKY se présente, en fin de compte, comme un plaidoyer pour une compétence innée (et il est curieux de constater que là où en 1957 cette compétence innée était simplement supposée ou ignorée, elle est devenue par après une sorte de vérité inébranlable, sans que l'argumentation ait changé : il s'agit toujours, de *Aspects of the Theory of Syntax* à *Knowledge of Language* de montrer que certaines connaissances grammaticales ne peuvent être dérivées de données observationnelles. (Par ex. pourquoi on ne peut dire * *John is too stubborn to visit anyone who talked to*, alors qu'on peut dire *John is too stubborn to expect anyone to talk to*, et qu'on a *John is too stubborn to expect anyone to talk to Bill* ou *John is too stubborn to visit anyone who talked to Bill*).

S'agit-il d'une inattention pardonnable de CHOMSKY, d'un élan enthousiaste pour propager à tout prix ses propres vues, ou assistons-nous ici à un moment de prostration intellectuelle ? Ou la critique de SKINNER en cache-t-elle une autre ? C'est bien cette dernière option qu'il faut choisir. En effet, si le compte rendu paru dans *Language* 1959 veut être une condamnation ou un rejet du béhaviorisme, il assume cette vocation en attribuant à l'ouvrage de SKINNER des thèses qu'on rencontre dans *Word and Object* de QUINE. Celui-ci a, en effet, construit à partir du modèle que SKINNER utilise pour la description du comportement verbal en contexte, une théorie de l'acquisition du langage (résumée dans la première section). Celle-ci repose essentiellement sur l'idée que cette acquisition se fait dans un contexte social, où jouent des normes linguistiques (les normes expliquent d'ailleurs qu'il y ait continuité, malgré le caractère discret des énoncés et des perceptions), et que l'apprentissage est un processus inductif, passant par plusieurs étapes (esquissées ci-dessus), dans lesquelles un comportement opérant est renforcé par les conséquences qu'il entraîne, du moins au début (par après, l'apprentissage langagier devient indépendant du comportement verbal).

Il convient alors de se demander si la critique de CHOMSKY est pertinente par rapport aux idées de QUINE. Il me semble que non, vu que

(1) CHOMSKY ne rend pas justice à la nature même de cette théorie
(2) et construit une opposition théorique qu'il convient de reformuler.

Prenons d'abord le premier point. CHOMSKY passe à côté du fait que pour les béhavioristes[15] l'acquisition et l'emploi du langage doivent être étudiés dans le contexte social[16]. Les béhavioristes ne prétendent pas que l'acquisition du langage est entièrement déterminée par le contexte : d'une part, il y a une attitude sélective par rapport au renforcement (ce que SKINNER avait déjà relevé) et d'autre part QUINE a insisté sur le fait que l'enfant construit des hypothèses analytiques (qui permettent d'aller au-delà de l'apprentissage par ostension ou pure induction – ces hypothèses sont aussi caractéristiques du travail du linguiste devant décrire une langue sur le terrain). QUINE y ajoute l'idée intéressante que l'enfant a un *"prelinguistic quality space"*, qui lui permet de reconnaître des ressemblances plus ou moins grandes entre des stimuli.

"We may estimate relative distances in his quality space by observing how he learns. If we reinforce his response of 'Red' in the presence of crimson and discourage it in the presence of yellow, and then find that he makes the response to pink and not to orange, we can infer that the shades of crimson and pink used are nearer each other, in his quality space, than the crimson and orange. Supplementary clues to spacing are available in the child's hesitation, or reaction time" (QUINE, 1960, 83).

Ce point de vue, qu'on peut rattacher à celui de Nelson GOODMAN selon lequel l'acquisition du langage est possible grâce à la présence de systèmes symboliques dans l'être humain[17], n'a jamais été sérieusement pris en compte par CHOMSKY, qui s'est borné (depuis 1959) à poser un "schématisme grammatical inné", en concevant l'acquisition du langage comme une pure

---

[15] Et non seulement pour les béhavioristes: il suffit de penser à l'ethnographie de la parole (cf. BAUMAN - SHERZER éds 1974, HYMES, 1981) ou aux modèles firthien et tagmémique en linguistique descriptive.

[16] QUINE (1960, 82): "It remains clear in any event that the child's early learning of a verbal response depends on society's reinforcement of the response in association with the stimulations that merit the response, from society's point of view, and society's discouragement of it otherwise".

[17] CHOMSKY a rejeté (1969, 69) cette supposition comme "an academic issue" ("GOODMAN's argument is based on a metaphorical use of the term "symbolic system", and collapses as soon as we try to give this term a precise meaning. If it were possible to show that "prelinguistic symbolic systems" share certain significant properties with natural language, we could then argue that these properties of natural language are somehow acquired by "analogy", though we would now face the problem of explaining how the "prelinguistic symbolic systems" developed these properties and how the analogies are established. But the issue is academic, since, for the moment, there is no reason to suppose the assumption to be true. GOODMAN's argument is a bit like a "demonstration" that there is no problem in accounting for the development of complex organs, because everyone knows that mitosis takes place. This seems to me to be obscurantism, which can be maintained only so long as one fails to come to grips with the actual facts"). On lira à ce propos la réplique de GOODMAN (1969, 139): "The linguist may be forgiven for a vocational myopia that blinds him to all symbol systems other than languages. Anyone else recognizes that gestures, nods of approval and disapproval, pointings, facial expressions, bodily demonstrations, sketches, diagrams, models, play an important role in the acquisition and inculcation of skills of all sorts; and that mastery of symbols of many of these kinds occurs before, and aids enormously, in the acquisition of language".

construction de théories par l'enfant (CHOMSKY, 1969, 63-64). A ce propos on souscrira à la thèse de Rulon WELLS (1969, 99, 117-118) :

"The fundamental point that I shall try to make is that CHOMSKY has not taken the requisite steps to set his question up in such a way that innateness can be a scientific, testable hypothesis. The main reason is that he doesn't sufficiently explore alternative hypotheses; and, in particular, doesn't sufficiently distinguish between those alternatives that differ in framework but do not differ in observable consequences and those alternatives between which a crucial test is possible (...)

If we say that the automaton *can* produce an infinite corpus, we mean – that is, the only ground that we are entitled to urge – that the first part of its rule-set generates an infinite corpus. If we say that the automaton cannot produce an infinite corpus, we mean that its entire rule-set – parts one and two taken together – generates only a finite corpus. Thus when the two senses of "can", or, if one prefers, the two grounds for predicating "can produce an infinite corpus", of the automaton, are distinguished, it is seen that there is no contradiction between saying that the automaton can produce an infinite corpus and that it cannot. Now, if we say that the entire rule-set is incorporated in, internalized in, innate to the automaton, it is natural to say also that every part of the rule-set is incorporated; and, in particular, to say that part one is incorporated. And from there it is a small and seemingly unobjectionable step to saying that the automaton has within it an infinite power. This is alright, *so long as* we are not misled; which is to say, so long as we don't forget that part two is also incorporated in the automaton. As far as I know, CHOMSKY has never said that an automaton has within it an infinite power. On the contrary, he has – in *Current Issues*, in *Cartesian Linguistics*, and elsewhere – given the impression that the difference between automaton and brute, on the one hand, and man on the other, is just the difference between finite and infinite power. And what I have undertaken to do is to refute him out of his own mouth; to show how, according to his own account of internalization, an automaton (and presumably a brute) can be regarded as incorporating an infinite power, and how, to finish the picture, a human being, equally with an automaton and a brute, will have a 'part two' that imposes a finitude limitation. The capacity of man may be ever so much greater than the capacity of automaton or of brute; but the difference will be the difference between one finite magnitude and another, which is the kind of difference that we call a difference of degree, and not a difference of kind".

On touche ici au deuxième aspect de la critique (cachée) de CHOMSKY à propos de QUINE. CHOMSKY présente sa théorie des idées innées – rendant compte de la compétence grammaticale du sujet – comme le contre-poids de la théorie béhavioriste ou empiriste qui postulerait une tabula rasa. Or, comme QUINE et GOODMAN l'ont fait remarquer dans leur contribution au Symposium

Language and Philosophy, édité par S. HOOK (1969), le béhavioriste accepte bel et bien des dispositions et des facultés innées (par ex. disposition à l'imitation, une faculté d'abstraction, de raisonnement analogique). On regrettera que CHOMSKY n'ait jamais pris en compte cette idée d'une capacité (au lieu d'une connaissance) innée : ainsi, par exemple, l'idée que l'acquisition du langage serait (en partie) un processus analogique est écartée en quelques lignes, sans argumentation, dans *Knowledge of Language*. Il suffit de penser au rôle de l'analogie dans les processus de conceptualisation pour se rendre compte que l'analogie comme force "créatrice" mérite un examen plus sérieux. Mais ce qui est plus regrettable – à côté du soubassement historique fort critiquable que CHOMSKY a voulu donner à sa théorie – c'est qu'il n'a jamais précisé le statut des "idées innées" qu'il postule. S'agit-il de principes, de règles (de quel ordre), de dispositions, de contenus cognitifs, de symboles ? Tout au plus peut-on dire que le schématisme grammatical inné qu'il postule concerne "the choice of universal distinctive features, the form of phonological rules, the ordering of rules, the relation of syntactic structure to phonetic representation" (CHOMSKY, 1969, 74) et on peut y ajouter des mécanismes d'interprétation de chaînes à anaphores. Mais comment distinguer ce schématisme d'un système d'organisation de l'expérience en général ? A ce propos la remarque que Nelson GOODMAN a formulée en 1969 n'a rien perdu de son actualité :

> "The theory of innate ideas is by no means crude. It is of exquisite subtlety, like the gossamer gold cloth made for that ancient emperor. But the emperor needs to be told that his wise men, like his tailors, deceive him; that just as the body covered with the miraculous cloth has nothing on it, the mind packed with innate ideas has nothing in it" (GOODMAN, 1969, 141-142).

6. Concluons. L'analyse fournie ici ne porte que sur un moment et un aspect particulier de l'histoire de la grammaire générative. Moment important, vu qu'il constitue le point de départ de la victoire du mentalisme sur le béhaviorisme (ou l'empirisme) en linguistique, en d'autres termes, le début d'une période de théorisation linguistique en rupture avec les principes formulés par BLOOMFIELD[18] dans *Language* et dans *Linguistic Aspects of Science*. Moment important aussi, vu que les thèses principales de CHOMSKY formulées en 1959 constituent toujours le credo de la grammaire générative.

L'analyse présentée ici avait pour but de montrer qu'il n'y a pas eu d'argumentation à proprement parler; une thèse a été affirmée, et d'anciennes thèses ont été mal représentées. Pareils textes, suffisamment persuasifs, ont pu être regardés très vite comme des réfutations. A y regarder de plus près, le compte rendu paru dans *Language* 1959, p. 26 à 58, n'a pas le statut d'une réfutation correcte de thèses opposées. On pourrait – et cela a été fait en partie

---

[18] Pour une appréciation de la position méthodologique de BLOOMFIELD depuis 1925, cf. HIŻ - SWIGGERS (1990).

(cf. SWIGGERS, 1984, 1987) – examiner de la même façon "l'argumentation" en grammaire générative à propos des universaux linguistiques ou à propos de l'existence de règles privées (CHOMSKY contre WITTGENSTEIN). Mais nous avons déjà été suffisamment pornographes.

REFERENCES BIBLIOGRAPHIQUES

BAUMAN, R. - SHERZER, J. éds 1974, *Explorations in the Ethnography of Speaking*, London, Cambridge University Press.

CHOMSKY, N. 1959, "Review of *Verbal behavior*, by B.F. SKINNER", *Language* 35, 26-58.

CHOMSKY, N. 1969, "Linguistics and Philosophy", in HOOK (éd. 1969), 51-94.

CHOMSKY, N. 1986, *Knowledge of Language. Its nature, origin, and use*, New York, Praeger.

DAVIDSON, D. - HARMAN, G. éds 1969, *Words and Objections. Essays on the work of W.V. Quine*, Dordrecht, Reidel.

GOODMAN, N. 1969, "The Emperor's New Ideas", in HOOK éd. 1969, 138-142.

HIŻ, H. - SWIGGERS, P. 1990, "Bloomfield, the Logical Positivist", *Semiotica* 79, 257-270.

HOOK, S. éd. 1969, *Language and Philosophy. A symposium*, New York, University Press.

HYMES, D. 1981, *"In vain I tried to tell you". Essays in native American ethnopoetics*, Philadelphia, University of Pennsylvania Press.

LASHLEY, K.S. 1951, "The Problem of Serial Order in Behavior", in JEFFRESS, L.A. éd. 1951, *Cerebral Mechanisms in Behavior*, New York, J. Wiley & Sons, 112-136.

LYONS, J. 1970, *Chomsky*, Fontana, Collins.

MEHLER, J. 1979, "Psychologie et psycholinguistique", in PIATTELLI-PALMARINI, M. éd. 1979, *Théories du langage, théories de l'apprentissage*, Paris, Seuil, 483-497.

QUINE, W.V.O. 1960, *Word and Object*, Cambridge, M.I.T. Press.

QUINE, W.V.O. 1969, "Linguistics and Philosophy", in HOOK éd. 1969, 95-98.

QUINE, W.V.O. 1972, "Methodological Reflections on Current Linguistic Theory", in DAVIDSON, D. - HARMAN, G. éds 1972, *Semantics of Natural Language*, Dordrecht, Reidel, 442-454.

SKINNER, B.F. 1957, *Verbal Behavior*, New York, Appleton-Century-Crofts.

SKINNER, B.F. 1974, *About Behaviorism*, New York, Knopf.

SWIGGERS, P. 1984, "Remarques épistémologiques sur la grammaire générative universelle", *Lingvisticae Investigationes* 8, 429-435.

SWIGGERS, P. 1987, "Wittgenstein-Kripke-Chomsky : geen regel van drie", *Tijdschrift voor Filosofie* 49, 71-80.

WELLS, R.S. 1969, "Innate Knowledge", in HOOK éd. 1969, 99-119.

Adresse de l'auteur :

Blijde Inkomststraat 21
B-3000 Leuven

BCILL 5: *Language in Sociology*, **éd. VERDOODT A. ET KJOLSETH Rn,** 304 pp., 1976. Prix: 760,- FB.
From the 153 sociolinguistics papers presented at the 8th World Congress of Sociology, the editors selected 10 representative contributions about language and education, industrialization, ethnicity, politics, religion, and speech act theory.

BCILL 6: **HANART M.,** *Les littératures dialectales de la Belgique romane: Guide bibliographique*, 96 pp., 1976 (2ᵉ tirage, corrigé de CD 12). Prix: 340,- FB.
En ce moment où les littératures connexes suscitent un regain d'intérêt indéniable, ce livre rassemble une somme d'informations sur les productions littéraires wallonnes, mais aussi picardes et lorraines. Y sont également considérés des domaines annexes comme la linguistique dialectale et l'ethnographie.

BCILL 7: *Hethitica II,* **éd. JUCQUOIS G. et LEBRUN R.,** avec la collaboration de DEVLAMMINCK B., II-159 pp., 1977, Prix: 480,- FB.
Cinq ans après *Hethitica I* publié à la Faculté de Philosophie et Lettres de l'Université de Louvain, quelques hittitologues belges et étrangers fournissent une dizaine de contributions dans les domaines de la linguistique anatolienne et des cultures qui s'y rattachent.

BCILL 8: **JUCQUOIS G. et DEVLAMMINCK B.,** *Complèments aux dictionnaires étymologiques du grec.* Tome I: A-K, II-121 pp., 1977. Prix: 380,- FB.
Le *Dictionnaire étymologique de la langue grecque* du regretté CHANTRAINE P. est déjà devenu, avant la fin de sa parution, un classique indispensable pour les hellénistes. Il a fait l'objet de nombreux comptes rendus, dont il a semblé intéressant de regrouper l'essentiel en un volume. C'est le but que poursuivent ces *Compléments aux dictionnaires étymologiques du grec.*

BCILL 9: **DEVLAMMINCK B. et JUCQUOIS G.,** *Compléments aux dictionnaires étymologiques du gothique.* Tome I: A-F, II-123 pp., 1977. Prix: 380,- FB.
Le principal dictionnaire étymologique du gothique, celui de Feist, date dans ses dernières éditions de près de 40 ans. En attendant une refonte de l'œuvre qui incorporerait les données récentes, ces compléments donnent l'essentiel de la littérature publiée sur ce sujet.

BCILL 10: **VERDOODT A.,** *Les problèmes des groupes linguistiques en Belgique: Introduction à la bibliographie et guide pour la recherche*, 235 pp., 1977 (réédition de CD 1). Prix: 590,- FB.
Un «trend-report» de 2.000 livres et articles relatifs aux problèmes socio-linguistiques belges. L'auteur, qui a obtenu l'aide de nombreux spécialistes, a notamment dépouillé les catalogues par matière des bibliothèques universitaires, les principales revues belges et les périodiques sociologiques et linguistiques de classe internationale.

BCILL 11: **RAISON J. et POPE M.,** *Index transnuméré du linéaire A,* 333 pp., 1977. Prix: 840,- FB.
Cet ouvrage est la suite, antérieurement promise, de RAISON-POPE, Index du linéaire A, Rome 1971. A l'introduction près (et aux dessins des «mots»), il en reprend entièrement le contenu et constitue de ce fait une édition nouvelle, corrigée sur les originaux en 1974-76 et augmentée des textes récemment publiés d'Arkhanès, Knossos, La Canée, Zakro, etc., également autopsiés et rephotographiés par les auteurs.

BCILL 12: **BAL W. et GERMAIN J.**, *Guide bibliographique de linguistique romane*, VI-267 pp., 1978. Prix 685,- FB., ISBN 2-87077-097-9, 1982, ISBN 2-8017-099-1.
Conçu principalement en fonction de l'enseignement, cet ouvrage, sélectif, non exhaustif, tâche d'être à jour pour les travaux importants jusqu'à la fin de 1977. La bibliographie de linguistique romane proprement dite s'y trouve complétée par un bref aperçu de bibliographie générale et par une introduction bibliographique à la linguistique générale.

BCILL 13: **ALMEIDA I.**, *L'opérativité sémantique des récits-paraboles. Sémiotique narrative et textuelle. Herméneutique du discours religieux.* Préface de Jean LADRIÈRE, XIII-484 pp., 1978. Prix: 1.250,- FB.
Prenant comme champ d'application une analyse sémiotique fouillée des récitsparaboles de l'Évangile de Marc, ce volume débouche sur une réflexion herméneutique concernant le monde religieux de ces récits. Il se fonde sur une investigation épistémologique contrôlant les démarches suivies et situant la sémiotique au sein de la question générale du sens et de la comprehension.

BCILL 14: *Études Minoennes I: le linéaire A*, **éd. Y. DUHOUX**, 191 pp., 1978. Prix: 480,- FB.
Trois questions relatives à l'une des plus anciennes écritures d'Europe sont traitées dans ce recueil; évolution passée et état présent des recherches; analyse linguistique de la langue du linéaire A; lecture phonétique de toutes les séquences de signes éditées à ce jour.

BCILL 15: *Hethitica III*, 165 pp., 1979. prix: 490,- FB.
Ce volume rassemble quatre études consacrées à la titulature royal hittite, la femme dans la société hittite, l'onomastique lycienne et gréco-asianique, les rituels CTH 472 contre une impureté.

BCILL 16: **GODIN P.**, *Aspecten van de woordvolgorde in het Nederlands. Een syntaktische, semantische en functionele benadering*, VI + 338 pp., 1980. Prix: 1.000,- FB., ISBN 2-87077-241-6.
In dit werk wordt de stelling verdedigd dat de woordvolgorde in het Nederlands beregeld wordt door drie hoofdfaktoren, nl. de syntaxis (in de engere betekenis van dat woord), de semantiek (in de zin van distributie van de dieptekasussen in de oppervlaktestruktuur) en het zgn. functionele zinsperspektief (d.i. de distributie van de constituenten naargelang van hun graad van communicatief dynamisme).

BCILL 17: **BOHL S.**, *Ausdrucksmittel für ein Besitzverhältnis im Vedischen und griechischen*, III + 108 pp., 1980. Prix: 360,- FB., ISBN 2-87077-170-3.
This study examines the linguistic means used for expressing possession in Vedic Indian and Homeric Greek. The comparison, based on a select corpus of texts, reveals that these languages use essentially inherited devices but with differing frequency ratios, in addition Greek has developed a verb "to have", the result of a different rhythm in cultural development.

BCILL 18: **RAISON J. et POPE M.**, *Corpus transnuméré du linéaire A*, 350 pp., 1980. Prix: 1.100,- FB.
Cet ouvrage est, d'une part, la clé à l'Index transnuméré du linéaire A des mêmes auteurs, BCILL 11: de l'autre, il ajoute aux recueils d'inscriptions déjà publiés de plusieurs côtés des compléments indispensables; descriptions, transnumérations, apparat critique, localisation précise et chronologie détaillée des textes, nouveautés diverses, etc.

BCILL 19: **FRANCARD M.**, *Le parler de Tenneville. Introduction à l'étude linguistique des parlers wallo-lorrains*, 312 pp., 1981. Prix: 780,- FB., ISBN 2-87077-000-6.
Dialectologues, romanistes et linguistes tireront profit de cette étude qui leur fournit une riche documentation sur le domaine wallo-lorrain, un aperçu général de la segmentation dialectale en Wallonie, et de nouveaux matériaux pour l'étude du changement linguistique dans le domaine gallo-roman. Ce livre intéressera aussi tous ceux qui sont attachés au patrimoine culturel du Luxembourg belge en particulier, et de la Wallonie en général.

BCILL 20: **DESCAMPS A. et al.**, *Genèse et structure d'un texte du Nouveau Testament. Étude interdisciplinaire du chapitre 11 de l'Évangile de Jean*, 292 pp., 1981. Prix: 895,- FB.
Comment se pose le problème de l'intégration des multiples approches d'un texte biblique? Comment articuler les unes aux autres les perspectives développées par l'exégèse historicocritique et les approches structuralistes? C'est à ces questions que tentent de répondre les auteurs à partir de l'étude du récit de la résurrection de Lazare. Ce volume a paru simultanément dans la collection «Lectio divina» sous le n° 104, au Cerf à Paris, ISBN 2-204-01658-6.

BCILL 21: *Hethitica IV*, 155 pp., 1981. Prix: 390,- FB., ISBN 2-87077-026.
Six contributions d'E. Laroche, F. Bader, H. Gonnet, R. Lebrun et P. Crepon sur: les noms des Hittites; hitt. zinna-; un geste du roi hittite lors des affaires agraires; vœux de la reine à Istar de Lawazantiya; pauvres et démunis dans la société hittite; le thème du cerf dans l'iconographie anatolienne.

BCILL 22: **J.-J. GAZIAUX**, *L'élevage des bovidés à Jauchelette en roman pays de Brabant. Étude dialectologique et ethnographique*, XVIII + 372 pp., 1 encart, 45 illustr., 1982. Prix: 1.170,- FB., ISBN 2-87077-137-1.
Tout en proposant une étude ethnographique particulièrement fouillée des divers aspects de l'élevage des bovidés, avec une grande sensibilité au facteur humain, cet ouvrage recueille le vocabulaire wallon des paysans d'un petit village de l'est du Brabant, contrée peu explorée jusqu'à présent sur le plan dialectal.

BCILL 23: *Hethitica V*, 131 pp., 1983. Prix: 330,- FB., ISBN 2-87077-155-X.
Onze articles de H. Berman, M. Forlanini, H. Gonnet, R. Haase, E. Laroche, R. Lebrun, S. de Martino, L.M. Mascheroni, H. Nowicki, K. Shields.

BCILL 24: **L. BEHEYDT**, *Kindertaalonderzoek. Een methodologisch handboek*, 252 pp., 1983. Prix: 620,- FB., ISBN 2-87077-171-1.
Dit werk begint met een overzicht van de trends in het kindertaalonderzoek. Er wordt vooral aandacht besteed aan de methodes die gebruikt worden om de taalontwikkeling te onderzoeken en te bestuderen. Het biedt een gedetailleerd analyserooster voor het onderzoek van de receptieve en de produktieve taalwaardigheid zowel door middel van tests als door middel van bandopnamen. Zowel onderzoek van de woordenschat als onderzoek van de grammatica komen uitvoerig aan bod.

BCILL 25: **J.-P. SONNET**, *La parole consacrée. Théorie des actes de langage, linguistique de l'énonciation et parole de la foi*, VI-197 pp., 1984. Prix: 520,- FB. ISBN 2-87077-239-4.
D'où vient que la parole de la foi ait une telle force?
Ce volume tente de répondre à cette question en décrivant la «parole consacrée», en cernant la puissance spirituelle et en définissant la relation qu'elle instaure entre l'homme qui la prononce et le Dieu dont il parle.

BCILL 26: **A. MORPURGO DAVIES - Y. DUHOUX (ed.),** *Linear B: A 1984 Survey, Proceedings of the Mycenaean Colloquium of the VIIIth Congress of the International Federation of the Societies of Classical Studies (Dublin, 27 August-1st September 1984),* 310 pp., 1985. Price: 850 FB., ISBN 2-87077-289-0.
Six papers by well known Mycenaean specialists examine the results of Linear B studies more than 30 years after the decipherment of script. Writing, language, religion and economy are all considered with constant reference to the Greek evidence of the First Millennium B.C. Two additional articles introduce a discussion of archaeological data which bear on the study of Mycenaean religion.

BCILL 27: *Hethitica VI,* 204 pp., 1985. Prix: 550 FB. ISBN 2-87077-290-4.
Dix articles de J. Boley, M. Forlanini, H. Gonnet, E. Laroche, R. Lebrun, E. Neu, M. Paroussis, M. Poetto, W.R. Schmalstieg, P. Swiggers.

BCILL 28: **R. DASCOTTE,** *Trois suppléments au dictionnaire du wallon du Centre,* 359 pp., 1 encart, 1985. Prix: 950 FB. ISBN 2-87077-303-X.
Ce travail comprend 5.200 termes qui apportent un complément substantiel au *Dictionnaire du wallon du Centre* (8.100 termes). Il est le fruit de 25 ans d'enquête sur le terrain et du dépouillement de nombreux travaux dont la plupart sont inédits, tels des mémoires universitaires. Nul doute que ces *Trois suppléments au dictionnaire du wallon du Centre* intéresseront le spécialiste et l'amateur.

BCILL 29: **B. HENRY,** *Les enfants d'immigrés italiens en Belgique francophone, Seconde génération et comportement linguistique,* 360 pp., 1985. Prix: 950 FB. ISBN 2-87077-306-4.
L'ouvrage se veut un constat de la situation linguistique de la seconde génération immigrée italienne en Belgique francophone en 1976. Il est basé sur une étude statistique du comportement linguistique de 333 jeunes issus de milieux immigrés socio-économiques modestes. Des chiffres préoccupants qui parlent et qui donnent à réfléchir...

BCILL 30: **H. VAN HOOF,** *Petite histoire de la traduction en Occident,* 105 pp., 1986. Prix: 380 FB. ISBN 2-87077-343-9.
L'histoire de notre civilisation occidentale vue par la lorgnette de la traduction. De l'Antiquité à nos jours, le rôle de la traduction dans la transmission du patrimoine gréco-latin, dans la christianisation et la Réforme, dans le façonnage des langues, dans le développement des littératures, dans la diffusion des idées et du savoir. De la traduction orale des premiers temps à la traduction automatique moderne, un voyage fascinant.

BCILL 31: **G. JUCQUOIS,** *De l'egocentrisme à l'ethnocentrisme,* 421 pp., 1986. Prix: 1.100 FB. ISBN 2-87077-352-8.
La rencontre de l'Autre est au centre des préoccupations comparatistes. Elle constitue toujours un événement qui suscite une interpellation du sujet: les manières d'être, d'agir et de penser de l'Autre sont autant de questions sur nos propres attitudes.

BCILL 32: **G. JUCQUOIS,** *Analyse du langage et perception culturelle du changement,* 240 p., 1986. Prix: 640 FB. ISBN 2-87077-353-6.
La communication suppose la mise en jeu de différences dans un système perçu comme permanent. La perception du changement ets liée aux données culturelles: le concept de différentiel, issu très lentement des mathématiques, peut être appliqué aux sciences du vivant et aux sciences de l'homme.

BCILL 33-35: **L. DUBOIS,** *Recherches sur le dialecte arcadien*, 3 vol., 236, 324, 134 pp., 1986. Prix: 1.975 FB. ISBN 2-87077-370-6.
Cet ouvrage présente aux antiquisants et aux linguistes un corpus mis à jour des inscriptions arcadiennes ainsi qu'une description synchronique et historique du dialecte. Le commentaire des inscriptions est envisagé sous l'angle avant tout philologique; l'objectif de la description de ce dialecte grec est la mise en évidence de nombreux archaïsmes linguistiques.

BCILL 36: *Hethitica VII*, 267 pp., 1987. Prix: 800 FB.
Neuf articles de P. Cornil, M. Forlanini, G. Gonnet, R. Haase, G. Kellerman, R. Lebrun, K. Shields, O. Soysal, Th. Urbin Choffray.

BCILL 37: *Hethitica VIII. Acta Anatolica E. Laroche oblata*, 426 pp., 1987. Prix: 1.300 FB.
Ce volume constitue les *Actes* du Colloque anatolien de Paris (1-5 juillet 1985): articles de D. Arnaud, D. Beyer, Cl. Brixhe, A.M. et B. Dinçol, F. Echevarria, M. Forlanini, J. Freu, H. Gonnet, F. Imparati, D. Kassab, G. Kellerman, E. Laroche, R. Lebrun, C. Le Roy, A. Morpurgo Davies et J.D. Hawkins, P. Neve, D. Parayre, F. Pecchioli-Daddi, O. Pelon, M. Salvini, I. Singer, C. Watkins.

BCILL 38: **J.-J. GAZIAUX,** *Parler wallon et vie rurale au pays de Jodoigne à partir de Jauchelette.* Avant-propos de Willy Bal, 368 pp., 1987. Prix: 790 FB.
Après avoir caractérisé le parler wallon de la région de Jodoigne, l'auteur de ce livre abondamment illustré s'attache à en décrire le cadre villageois, à partir de Jauchelette. Il s'intéresse surtout à l'évolution de la population et à divers aspects de la vie quotidienne (habitat, alimentation, distractions, vie religieuse), dont il recueille le vocabulaire wallon, en alliant donc dialectologie et ethnographie.

BCILL 39: **G. SERBAT,** *Linguistique latine et Linguistique générale*, 74 pp., 1988. Prix: 280 FB. ISBN 90-6831-103-4.
Huit conférences faites dans le cadre de la Chaire Francqui, d'octobre à décembre 1987, sur: le temps; deixis et anaphore; les complétives; la relative; nominatif; génitif partitif; principes de la dérivation nominale.

BCILL 40: *Anthropo-logiques*, éd. D. Huvelle, J. Giot, R. Jongen, P. Marchal, R. Pirard (Centre interdisciplinaire de Glossologie et d'Anthropologie Clinique), 202 pp., 1988. Prix: 600 FB. ISBN 90-6831-108-5.
En un moment où l'on ne peut plus ignorer le malaise épistémologique où se trouvent les sciences de l'humain, cette série nouvelle publie des travaux situés dans une perspective anthropo-logique unifiée mais déconstruite, épistémologiquement et expérimentalement fondée. Domaines abordés dans ce premier numéro: présentation générale de l'anthropologie clinique; épistémologie; linguistique saussurienne et glossologie; méthodologie de la description de la grammaticalité langagière (syntaxe); anthropologie de la personne (l'image spéculaire).

BCILL 41: **M. FROMENT,** *Temps et dramatisations dans les récits écrits d'élèves de 5ème*, 268 pp., 1988. Prix: 850 FB.
Les récits soumis à l'étude ont été analysés selon les principes d'une linguistique qui intègre la notion de circulation discursive, telle que l'a développée M. Bakhtine.
La comparaison des textes a fait apparaître que le temps était un principe différenciateur, un révélateur du type d'histoire racontée.
La réflexion sur la temporalité a également conduit à constituer une typologie des textes intermédiaire entre la langue et la diversité des productions, en fonction de leur homogénéité.

BCILL 42: **Y.L. ARBEITMAN** (ed.), *A Linguistic Happening in Memory of Ben Schwartz. Studies in Anatolian, Italic and Other Indo-European Languages*, 598 pp.. 1988. Prix: 1800,- FB.
36 articles dédiés à la mémoire de B. Schwartz traitent de questions de linguistique anatolienne, italique et indo-européenne.

BCILL 43: *Hethitica IX,* 179 pp., 1988. Prix: 540 FB. ISBN. Cinq articles de St. DE MARTINO, J.-P. GRÉLOIS, R. LEBRUN, E. NEU, A.-M. POLVANI.

BCILL 44: **M. SEGALEN** (éd.), *Anthropologie sociale et Ethnologie de la France,* 873 pp., 1989. Prix: 2.620 FB. ISBN 90-6831-157-3 (2 vol.).
Cet ouvrage rassemble les 88 communications présentées au Colloque International «Anthropologie sociale et Ethnologie de la France» organisé en 1987 pour célébrer le cinquantième anniversaire du Musée national des Arts et Traditions populaires (Paris), une des institutions fondatrices de la discipline. Ces textes montrent le dynamisme et la diversité de l'ethnologie chez soi. Ils sont organisés autour de plusieurs thèmes: le regard sur le nouvel «Autre», la diversité des cultures et des identités, la réévaluation des thèmes classiques du symbolique, de la parenté ou du politique, et le rôle de l'ethnologue dans sa société.

BCILL 45: **J.-P. COLSON**, *Krashens monitortheorie: een experimentele studie van het Nederlands als vreemde taal. La théorie du moniteur de Krashen: une étude expérimentale du néerlandais, langue étrangère,* 226 pp., 1989. Prix: 680 FB. ISBN 90-6831-148-4.
Doel van dit onderzoek is het testen van de monitortheorie van S.D. Krashen in verband met de verwerving van het Nederlands als vreemde taal. Tevens wordt uiteengezet welke plaats deze theorie inneemt in de discussie die momenteel binnen de toegepaste taalwetenschap gaande is.

BCILL 46: *Anthropo-logiques 2* (1989), 324 pp., 1989. Prix: 970 FB. ISBN 90-6831-156-5.
Ce numéro constitue les Actes du Colloque organisé par le CIGAC du 5 au 9 octobre 1987. Les nombreuses interventions et discussions permettent de dégager la spécificité épistémologique et méthodologique de l'anthropologie clinique: approches (théorique ou clinique) de la rationalité humaine, sur le plan du signe, de l'outil, de la personne ou de la norme.

BCILL 47: **G. JUCQUOIS**, *Le comparatisme,* t. 1: *Généalogie d'une méthode,* 206 pp., 1989. Prix: 750 FB. ISBN 90-6831-171-9.
Le comparatisme, en tant que méthode scientifique, n'apparaît qu'au XIXe siècle. En tant que manière d'aborder les problèmes, il est beaucoup plus ancien. Depuis les premières manifestations d'un esprit comparatiste, à l'époque des Sophistes de l'Antiquité, jusqu'aux luttes théoriques qui préparent, vers la fin du XVIIIe siècle, l'avènement d'une méthode comparative, l'histoire des mentalités permet de préciser ce qui, dans une société, favorise l'émergence contemporaine de cette méthode.

BCILL 48: **G. JUCQUOIS**, *La méthode comparative dans les sciences de l'homme,* 138 pp., 1989. Prix: 560 FB. ISBN 90-6831-169-7.
La méthode comparative semble bien être spécifique aux sciences de l'homme. En huit chapitres, reprenant les textes de conférences faites à Namur en 1989, sont présentés les principaux moments d'une histoire du comparatisme, les grands traits de la méthode et quelques applications interdisciplinaires.

BCILL 49: *Problems in Decipherment*, edited by **Yves DUHOUX, Thomas G. PALAIMA and John BENNET**, 1989, 216 pp. Price: 650 BF. ISBN 90-6831-177-8.
Five scripts of the ancient Mediterranean area are presented here. Three of them are still undeciphered — "Pictographic" Cretan; Linear A; Cypro-Minoan. Two papers deal with Linear B, a successfully deciphered Bronze Age script. The last study is concerned with Etruscan.

BCILL 50: **B. JACQUINOD**, *Le double accusatif en grec d'Homère à la fin du Ve siècle avant J.-C.* (publié avec le concours du Centre National de la Recherche Scientifique), 1989, 305 pp. Prix: 900 FB. ISBN 90-6831-194-8.
Le double accusatif est une des particularités du grec ancien: c'est dans cette langue qu'il est le mieux représenté, et de beaucoup. Ce tour, loin d'être un archaïsme en voie de disparition, se développe entre Homère et l'époque classique. Les types de double accusatif sont variés et chacun conduit à approfondir un fait de linguistique générale: expression de la sphère de la personne, locution, objet interne, transitivité, causativité, etc. Un livre qui intéressera linguistes, hellénistes et comparatistes.

BCILL 51: **Michel LEJEUNE**, *Méfitis d'après les dédicaces lucaniennes de Rossano di Vaglio*, 103 pp., 1990. Prix: 400,- FB. ISBN 90-6831-204-3.
D'après l'épigraphie, récemment venue au jour, d'un sanctuaire lucanien (-IVe/-Ier s.), vues nouvelles sur la langue osque et sur le culte de la déesse Méfitis.

BCILL 52: *Hethitica* X, 211 pp., 1990. Prix: 680 FB. Sept articles de P. CORNIL, M. FORLANINI, H. GONNET, J. KLINGER et E. NEU, R. LEBRUN, P. TARACHA, J. VANSCHOONWINKEL. ISBN 90-6831-288-X.

BCILL 53: **Albert MANIET**, *Phonologie quantitative comparée du latin ancien*, 1990, 362 pp. Prix: 1150 FB. ISBN 90-6831-225-1.
Cet ouvrage présente une statistique comparative, accompagnée de remarques d'ordre linguistique, des éléments et des séquences phoniques figurant dans un corpus latin de 2000 lignes, de même que dans un état plus ancien de ce corpus, reconstruit sur base de la phonétique historique des langues indo-européennes.

BCILL 54-55: **Charles de LAMBERTERIE**, *Les adjectifs grecs en -υς. Sémantique et comparaison* (publié avec le concours de l'Académie des Inscriptions et Belles-Lettres, du Centre National de la Recherche Scientifique et de la Fondation Calouste Gulbenkian), 1.035 pp., 1990. Prix: 1980 FB. ISBN tome I: 90-6831-251-0; tome II: 90-6831-252-9.
Cet ouvrage étudie une classe d'adjectifs grecs assez peu nombreuse (une quarantaine d'unités), mais remarquable par la cohérence de son fonctionnement, notamment l'aptitude à former des couples antonymiques. On y montre en outre que ces adjectifs, hérités pour la plupart, fournissent une riche matière à la recherche étymologique et jouent un rôle important dans la reconstruction du lexique indo-européen.

BCILL 56: **A. SZULMAJSTER-CELNIKIER,** *Le yidich à travers la chanson populaire. Les éléments non germaniques du yidich*, 276 pp., 22 photos, 1991. Prix: 1490 FB. ISBN 90-6831-333-9.

BCILL 57: *Anthropo-logiques 3* (1991), 204 pp., 1991. Prix: 695 FB. ISBN 90-6831-345-2. Les textes de ce troisième numéro d'*Anthropo-logiques* ont en commun de chercher épistémologiquement à déconstruire les phénomènes pour en cerner le fondement. Ils abordent dans leur spécificité humaine le langage, l'expression numérale, la relation clinique, le corps, l'autisme et les psychoses infantiles.

BCILL 58: **G. JUCQUOIS - P. SWIGGERS** (éd.), *Comparatisme 3: Le comparatisme devant le miroir*, 155 pp. Prix: 540 FB. ISBN 90-6831-363-0. Dix articles de E. Gilissen, G.-G. Granger, C. Hagège, G. Jucquois, H. G. Moreira Freire de Morais Barroco, P. Swiggers, M. Van Overbeke.

SÉRIE PÉDAGOGIQUE DE L'INSTITUT DE LINGUISTIQUE DE LOUVAIN (SPILL).

SPILL 1: G. JUCQUOIS, avec la collaboration de **J. LEUSE**, *Conventions pour la présentation d'un texte scientifique*, 1978, 54 pp. (épuisé).

SPILL 2: G. JUCQUOIS, *Projet pour un traité de linguistique différentielle*, 1978, 67 pp. Prix: 170,- FB.
Exposé succinct destiné à de régulières mises à jour de l'ensemble des projets et des travaux en cours dans une perspective différentielle au sein de l'Institut de Linguistique de Louvain.

SPILL 3: G. JUCQUOIS, *Additions 1978 au «Projet pour un traité de linguistique différentielle»*, 1978, 25 pp. Prix: 70,- FB.

SPILL 4: G. JUCQUOIS, *Paradigmes du vieux-slave*, 1979, 33 pp. Prix: 100,- FB.
En vue de faciliter l'étude élémentaire de la grammaire du vieux-slave et de permettre aux étudiants d'en identifier rapidement les formes, ce volume regroupe l'ensemble des paradigmes de cette langue liturgique.

SPILL 5: W. BAL - J. GERMAIN, *Guide de linguistique*, 1979, 108 pp. Prix: 275,- FB.
Destiné à tous ceux qui désirent s'initier à la linguistique moderne, ce guide joint à un exposé des notions fondamentales et des connexions interdisciplinaires de cette science une substantielle documentation bibliographique sélective, à jour, classée systématiquement et dont la consultation est encore facilitée par un index détaillé.

SPILL 6: G. JUCQUOIS - J. LEUSE, *Ouvrages encyclopédiques et terminologiques en sciences humaines*, 1980, 66 pp. Prix: 165,- FB.
Brochure destinée à permettre une première orientation dans le domaine des diverses sciences de l'homme. Trois sortes de travaux y sont signalés: ouvrages de terminologie, ouvrages d'introduction, et ouvrages de type encyclopédique.

SPILL 7: D. DONNET, *Paradigmes et résumé de grammaire sanskrite*, 64 pp., 1980. Prix: 160,- FB.
Dans cette brochure, qui sert de support à un cours d'initiation, sont envisagés: les règles du sandhi externe et interne, les paradigmes nominaux et verbaux, les principes et les classifications de la composition nominale.

SPILL 8-9: L. DEROY, *Padaśas. Manuel pour commencer l'étude du sanskrit même sans maître*, 2 vol., 203 + 160 pp., 2ᵉ éd., 1984. Prix: 1.090,- FB., ISBN 2-87077-274-2.
Méthode progressive apte à donner une connaissance élémentaire et passive du sanskrit (en transcription). Chaque leçon de grammaire est illustrée par des textes simples (proverbes, maximes et contes). Le second volume contient un copieux lexique, une traduction des textes (pour contrôle) et les éléments pour étudier, éventuellement, à la fin, l'écriture nâgarî.

SPILL 10: *Langage ordinaire et philosophie chez le second WITTGENSTEIN. Séminaire de philosophie du langage 1979-1980,* **édité par J.F. MALHERBE,** 139 pp., 1980. Prix: 350,- FB. ISBN 2-87077-014-6.

Si, comme le soutenait Wittgenstein, **la signification c'est l'usage,** c'est en étudiant l'usage d'un certain nombre de termes clés de la langue du philosophe que l'on pourra, par-delà le découpage de sa pensée en aphorismes, tenter une synthèse de quelques thèmes majeurs des **investigations philosophiques.**

SPILL 11: **J.M. PIERRET,** *Phonétique du français. Notions de phonétique générale et phonétique du français,* V-245 pp. + 4 pp. hors texte, 1985. Prix: 550,- FB. ISBN 2-87077-018-9.

Ouvrage d'initiation aux principaux problèmes de la phonétique générale et de la phonétique du français. Il étudie, en outre, dans une section de phonétique historique, l'évolution des sons, du latin au français moderne.

SPILL 12: **Y. DUHOUX,** *Introduction aux dialectes grecs anciens. Problèmes et méthodes. Recueil de textes traduits,* 111 pp., 1983. Prix: 280,- FB. ISBN 2-87077-177-0.

Ce petit livre est destiné aux étudiants, professeurs de grec et lecteurs cultivés désireux de s'initier à la dialectologie grecque ancienne: description des parlers; classification dialectale; reconstitution de la préhistoire du grec. Quatorze cartes et tableaux illustrent l'exposé, qui est complété par une bibliographie succincte. La deuxième partie de l'ouvrage rassemble soixante-huit courtes inscriptions dialectales traduites et accompagnées de leur bibliographie.

SPILL 13: **G. JUCQUOIS,** *Le travail de fin d'études. Buts, méthode, présentation,* 82 pp., 1984. Prix: 230,- FB. ISBN 2-87077-224-6.

Les étudiants se posent souvent la question des buts du travail de fin d'études: quel est le rôle de ce travail dans leur formation, comment rassembler les informations nécessaires, comment les traiter, comment les présenter? Voilà quelques unes des grandes questions auxquelles on tente de répondre.

SPILL 14: **J. VAN ROEY,** *French-English Contrastive Lexicology. An Introduction,* 145 pp., 1990. Prix: 460,- FB. ISBN 90-6831-269-3.

This textbook covers more than its title suggests. While it is essentially devoted to the comparative study of the French and English vocabularies, with special emphasis on the deceptiveness of alleged transformational equivalence, the first part of the book familiarizes the student with the basic problems of lexical semantics.

INDEX ET CONCORDANCES DE L'INSTITUT DE LINGUISTIQUE DE LOUVAIN (ICILL).

ICILL 1: **JUCQUOIS,** avec la collaboration de **B. DEVLAMMINCK et de J. LEUSE,** *La transcription des langues indo-européennes anciennes et modernes: normalisation et adaptation pour l'ordinateur.* 1980, 109 pp. Prix: 600,- FB.

ICILL 2: **E. NIEUWBORG et J. WEISSHAUPT,** avec la collaboration de **D. REULEN,** *Concordantielijst van Zuidnederlandse Romans:* **H. CLAUS,** *Natuurgetrouwer; De Zwarte Keizer; Het jaar van de Kreeft,* 1979, 12 pp. + 3.435 pp. en 14 microfiches. Prix: 1.000,- FB.

ICILL 3: **G. JUCQUOIS et B. DEVLAMMINCK,** *Die Sprache I (1949) - 20 (1974):* index des formes, 1979, XVI-301 pp. Prix: 1.000,- FB.

ICILL 4: **E. NIEUWBORG et J. WEISSHAUPT,** avec la collaboration de **D. REULEN,** Concordance de: CESBRON G., *Notre prison et un royaume.* Concordance de G. *BERNANOS, L'imposture.* 1981, 12 pp. + 3.176 pp. en 12 microfiches. Prix: 950,- FB.

ICILL 6: **E. NIEUWBORG et J. WEISSHAUPT,** avec la collaboration de **R. REULEN,** Concordantielijsten van weekbladen en krantentaal (Zuidnederlands taalgebied). 1981, 12 pp. + 2.606 pp. en 11 microfiches. Prix: 800,- FB.

ICILL 11: **E. NIEUWBORG et J. WEISSHAUPT,** avec la collaboration de **R. REULEN,** Concordantielijsten van Zuidnederlandse letterkunde - Hubert LAMPO, *De komst van Joachim Stiller. Er is méér, Horatio.* 1981, 16 × 24, 12 pp. + 2.403 pp. en 10 microfiches. Prix: 800,- FB.